ERSTE AUSGABE - Veröffentlicht 2022

Extra Grafikmaterial von: www.freepik.com
Dank an: Alekksall, Starline, Pch.vector, Rawpixel.com, Vectorpocket, Dgim-studio, Upklyak, Macrovector, Stockgiu, Pikisuperstar & Freepik.com Designers

Kostenlose Online-Spiele Entdecken

Hier Erhältlich:

BestActivityBooks.com/FREEGAMES

5 TIPPS FÜR DEN ANFANG!

1) LÖSUNG DER RÄTSEL

Die Puzzles haben ein klassisches Format :

- Die Wörter sind ohne Abstand, Bindetrich usw... versteckt
- Richtung : vor-& rückwärts, auf & ab oder in der Diagonale (beider Richtungen)
- Die Wörter können übereinanderliegen oder sich kreuzen

2) AKTIVES LERNEN

Neben jedem Wort ist ein Abstand vorgesehen zum Aufschreiben der Übersetzung. Um ihre Kenntnisse zu überprüfen und zu erweitern befindet sich am Ende des Buches ein **WÖRTERBUCH**. Suchen sie die Übersetzungen, schreiben sie sie auf, dann können sie sie in den. Puzzles suchen und ihrem Wortschatz hinzufügen.

3) ANZEICHNUNG DER WÖRTER

Haben sie schon einmal versucht eine Anzeichnung zu verwenden? Sie könnten zum Beispiel die Wörter, die schwer zu finden sind, ankreuzen, die Wörter, die sie lieben, mit einem Stern, neue Wörter mit einem Dreieck, seltene Wörter mit einem Diamant usw ... anzeichnen

4) IHR LERNEN ORGANISIEREN

Am Ende dieser Ausgabe bieten wir auch ein praktisches **NOTIZBUCH** an. Ob im Urlaub, auf Reisen oder zu Hause, sie können ihr neues Wissen ganz einfach organisieren, ohne ein zweites Notizbuch zu benötigen!

5) SIND SIE AM SCHLUSS ?

Gehen sie zum Bonusbereich : **MONSTER-HERAUSFÖRDERUNG,** um ein kostenloses Spiel zu finden, das am Ende dieser Ausgabe angeboten wird !

Lust auf mehr Spaß und **Lernaktivitäten? Schnell und einfach :** eine ganze Spielbuchsammlung mit einem einzigen Klick erhaltbar :

Mit diesem Link finden sie ihre nächste Herausforderung :

BestActivityBooks.com/MeineNachsteWortsuche

Achtung, fertig, ... Los !!

Wussten sie, dass es auf der Welt ungefähr 7.000 verschiedene Sprachen gibt ? Wörter sind kostbar.

Wie lieben Sprachen und haben schwer daran gearbeitet, die Bücher von höchster Qualität für sie zu entwerfen. Unsere Zutaten ?

Eine Auswahl von angepassten Lernthemen, drei große Scheiben Spaß, dann fügen wir einen Löffel schwieriger Wörter und eine Prise seltener Wörter hinzu. Wir servieren sie mit Sorgfalt und ein Maximum an Freude, damit sie die besten Wortspiele lösen und Spaß am Lernen haben.

Ihre Meinung ist wichtig. Sie können aktiv zum Erfolg dieses Buches beitragen, indem sie uns eine Bemerkung hinterlassen. Sagen sie uns, was ihnen an dieser Ausgabe am besten gefallen hat !!

Hier ist ein kurzer Link, der sie zu ihrer Bewertungsseite führt

BestBooksActivity.com/Rezension50

Vielen Dank für ihre Hilfe und viel Spaß

Linguas Classics

1 - Ozean

```
D  A  L  G  A  L  A  R  B  H  C  Y  Y  D
K  A  P  L  U  M  B  A  Ğ  A  S  I  U  E
T  M  Y  H  S  Y  R  U  N  M  I  L  N  N
K  Ö  P  E  K  B  A  L  I  Ğ  I  A  U  İ
A  D  B  Y  V  R  T  F  Q  Y  V  N  S  Z
R  V  P  O  Q  E  U  B  I  C  U  B  D  A
İ  J  T  S  T  S  Z  M  E  R  C  A  N  N
D  J  L  U  L  İ  K  L  E  M  T  L  N  A
E  B  U  N  O  F  I  N  C  J  U  I  U  S
S  A  A  S  Ü  N  G  E  R  I  P  Ğ  N  I
I  G  E  L  G  İ  T  N  I  N  B  I  O  A
L  Y  C  M  I  İ  S  T  İ  R  İ  D  Y  E
B  R  U  S  O  K  B  A  L  I  N  A  N  Z
Y  E  N  G  E  Ç  J  A  H  T  A  P  O  T
```

YILAN BALIĞI	YENGEÇ
YOSUN	AHTAPOT
İSTİRİDYE	DENİZANASI
BOT	RESİF
YUNUS	TUZ
BALIK	KAPLUMBAĞA
KARİDES	SÜNGER
GELGİT	FIRTINA
KÖPEKBALIĞI	BALINA
MERCAN	DALGALAR

2 - Schule #1

```
S  K  Â  Ğ  I  T  E  Ö  Ö  M  A  S  A  C
A  A  A  K  Q  N  Ğ  Ğ  Ğ  A  U  A  Q  E
N  L  E  L  H  Q  L  R  R  T  E  R  V  V
D  E  T  A  E  H  E  E  E  E  P  K  L  A
A  M  O  S  F  M  N  N  T  M  M  A  A  P
L  L  L  Ö  J  A  C  M  M  A  P  D  K  O
Y  E  L  R  N  L  E  E  E  T  F  A  T  K
E  R  J  F  F  P  Y  K  N  İ  I  Ş  S  U
K  İ  T  A  P  L  A  R  S  K  S  L  L  M
U  D  G  B  L  B  Z  K  S  I  N  A  V  A
J  H  C  G  M  F  M  S  I  M  N  R  I  K
K  Ü  T  Ü  P  H  A  N  E  L  H  I  E  G
S  J  J  P  D  S  K  B  I  A  S  S  F  Z
T  S  A  Y  I  L  A  R  E  G  V  E  V  H
```

ALFABE	MATEMATİK
CEVAP	KLASÖR
KÜTÜPHANE	KÂĞIT
KALEM	SINAV
KİTAPLAR	YAZMAK
ARKADAŞLAR	MASA
SINIF	EĞLENCE
ÖĞRETMEN	KALEMLER
ÖĞRENMEK	SANDALYE
OKUMAK	SAYILAR

3 - Meditation

```
J  I  L  D  N  M  P  Z  Y  I  N  O  K  S
A  D  M  Ü  Z  I  K  İ  P  F  E  J  L  E
K  Z  J  Ş  I  S  A  H  Z  D  Z  Q  H  S
I  U  S  Ü  K  S  B  İ  I  O  A  D  A  S
L  M  R  N  J  U  U  N  F  Ğ  K  L  R  I
A  U  M  C  Ö  Z  L  S  D  A  E  D  E  Z
Ç  T  Q  E  Ğ  Q  C  E  T  U  T  U  K  L
I  L  R  L  R  R  E  L  J  E  R  K  E  I
K  U  R  E  E  H  B  A  R  I  Ş  U  T  K
L  L  O  R  N  Z  A  S  C  Z  S  E  Ş  N
I  U  G  M  M  M  R  M  U  Y  A  N  I  K
K  K  K  O  E  C  J  U  E  S  A  K  I  N
Q  M  K  N  K  P  J  L  K  T  F  J  J  L
M  I  N  N  E  T  T  A  R  L  I  K  C  C
```

KABUL	AÇIKLIK
HAREKET	ÖĞRENMEK
MINNETTARLIK	MERHAMET
NEZAKET	MÜZIK
BARIŞ	DOĞA
DÜŞÜNCELER	SAKIN
ZİHİNSEL	SESSIZLIK
MUTLULUK	AKIL
DURUŞ	UYANIK

4 - Meisterschaft

```
Q  N  V  H  J  Y  Z  İ  Y  G  O  Y  I  M
F  Z  S  C  A  T  A  K  I  M  E  E  Z  O
V  İ  V  F  H  F  R  Q  Y  S  E  L  T  T
B  F  R  B  H  H  E  M  G  G  M  R  P  İ
F  A  I  U  F  H  R  J  Q  I  O  H  L  V
T  E  R  L  E  M  E  L  P  E  Ç  Z  O  A
S  F  Ş  P  E  R  F  O  R  M  A  N  S  S
T  İ  A  M  T  O  S  P  O  R  R  K  G  Y
R  N  M  A  J  U  Y  P  J  U  V  O  H  O
A  A  P  D  C  N  R  U  P  I  L  Ç  K  N
T  L  İ  A  C  P  Q  N  N  L  İ  Z  C  T
E  İ  Y  L  M  A  A  P  U  L  G  R  S  D
J  S  O  Y  H  K  S  T  R  V  A  Z  T  F
İ  T  N  A  A  Y  T  Y  T  G  A  R  G  J
```

ŞAMPİYON
FİNALİST
LİG
TAKIM
MADALYA
MOTİVASYON
PERFORMANS
YARGIÇ

TERLEME
ZAFER
OYUNLAR
SPOR
STRATEJİ
KOÇ
TURNUVA

5 - Insekten

```
A  Ğ  U  S  T  O  S  B  Ö  C  E  Ğ  İ  G
Q  M  Q  K  O  E  J  C  S  T  O  T  Z  Ü
I  K  N  Y  L  M  A  N  T  I  S  M  N  V
K  V  G  K  A  R  I  N  C  A  C  C  G  E
Y  E  M  T  R  A  U  O  Y  P  Y  A  I  N
A  Y  L  Q  V  M  L  P  G  K  K  G  P  C
B  U  S  E  A  Y  A  P  R  A  K  D  İ  D
A  S  O  Z  B  Ç  E  K  İ  R  G  E  R  S
N  U  L  P  Ö  E  U  P  Y  I  V  L  E  F
A  F  U  V  C  H  K  E  L  K  Z  B  E  M
R  Ç  C  T  E  T  E  R  M  İ  T  K  F  S
I  U  A  T  K  M  V  T  E  Z  Q  D  K  Z
S  K  N  S  I  V  R  I  S  I  N  E  K  G
I  A  U  Ğ  U  R  B  Ö  C  E  Ğ  I  A  G
```

KARINCA	UĞUR BÖCEĞİ
ARI	GÜVE
YAPRAKDİD	SIVRISINEK
PİRE	KELEBEK
MANTIS	TERMİT
ÇEKİRGE	YABAN ARISI
BÖCEK	SOLUCAN
LARVA	AĞUSTOSBÖCEĞİ
YUSUFÇUK	

6 - Dinosaurier

```
A O F A B G P K P J N T Z M
A R C I E C K J E V V U Q S
K U Y R U K H G Ü Ç L Ü O Ü
P K Ö T Ü T Z B O Y U T M R
K R T A J F G Q Ü T O L N Ü
A F E V R I M M K Y N D İ N
N O N H D E V A S A Ü T V G
A S T R İ D H M V D F K O E
T İ O C F S I U T K L U R N
L L G G G D T T J N F N E E
A L K S A P V O T Ç U L T V
R E T O P R A K R S B L K A
H R V P M Y E S E İ S H F L
K A Y B O L M A N C K B V G
```

OMNİVORE	BOYUT
AV	GÜÇLÜ
KÖTÜ	MAMUT
DEVASA	OTÇUL
TOPRAK	PREHİSTORİK
EVRIM	SÜRÜNGEN
KANATLAR	KUYRUK
FOSİLLER	KAYBOLMA
BÜYÜK	

7 - Obst

Ş	K	K	A	U	P	A	P	A	Y	A	U	S	A
E	Y	B	N	K	B	R	C	D	J	K	H	E	H
F	K	Ö	A	A	S	M	O	V	I	V	J	G	U
T	F	Ğ	N	Y	M	U	Z	K	Y	E	Q	R	D
A	U	Ü	A	I	A	T	V	N	İ	E	C	E	U
L	A	R	S	S	D	C	G	M	E	V	T	Y	D
I	V	T	U	I	U	A	S	B	I	H	İ	F	U
T	O	L	G	N	T	G	N	M	J	A	R	U	D
Q	K	E	N	A	C	H	E	R	I	K	D	R	O
A	A	N	U	C	Z	U	K	L	U	O	E	T	G
S	D	A	H	A	F	B	T	T	M	A	A	K	D
Z	O	A	K	G	T	M	A	Q	K	A	V	U	N
I	O	L	Ü	Z	Ü	M	R	H	C	A	R	I	V
N	P	L	G	K	I	R	A	Z	L	İ	M	O	N

ANANAS
ELMA
KAYISI
AVOKADO
MUZ
DUT
ARMUT
BÖĞÜRTLEN
GREYFURT
AHUDUDU

KIRAZ
KİVİ
KAVUN
NEKTAR
TURUNCU
PAPAYA
ŞEFTALI
ERIK
ÜZÜM
LİMON

8 - Schule #2

```
M A K A S K K A L E M K K D
K E E V J M A S Ö Z L Ü K İ
P Z Ğ D F R S L C Z Q U J L
O C I H K Ö Ğ R E T M E N B
K İ T A P L A R K M I O G İ
U A I F O T O B Ü S L M Ö L
M G M T T S O O T Y K E Ğ G
A C N A G U F G Ü R N D R İ
N A C S K K Q D P P G E E S
B I J O Â F A T H B T B N İ
N I E N Ğ K J T A K V I M M
Z Z L U I I M M N H O Y E G
Z E E I T C B Y E O I A Z F
A H O E M S İ L G İ C T H F
```

KÜTÜPHANE	OKUMA
EĞITIM	EDEBIYAT
KALEM	KÂĞIT
OTOBÜS	SİLGİ
KİTAPLAR	MAKAS
DİLBİLGİSİ	KALEMLER
TAKVIM	BILIM
ÖĞRETMEN	HAFTA SONU
ÖĞRENME	SÖZLÜK

9 - Spielzeuge

```
O  Y  S  O  Y  O  B  P  U  M  U  Q  Z  O
N  H  A  Y  A  L  G  Ü  C  Ü  M  Q  V  B
K  Q  T  U  Ç  A  K  N  J  P  D  B  I  I
Y  O  R  N  N  L  Q  Z  I  C  N  N  C  S
G  Y  A  C  K  B  D  S  K  R  R  Z  N  I
G  U  N  A  İ  U  Y  K  T  U  O  F  G  K
T  N  Ç  K  T  J  Y  U  H  Ç  H  B  T  L
H  L  U  B  A  Y  V  C  H  U  R  U  O  E
T  A  B  E  P  R  E  N  M  R  U  L  Y  T
D  R  O  B  L  R  A  I  H  T  T  M  J  O
K  A  T  E  A  T  F  B  I  M  R  A  Z  P
P  P  V  K  R  K  I  L  A  A  E  C  Y  U
T  C  U  U  K  A  M  Y  O  N  N  A  N  H
H  A  F  Z  L  F  A  V  O  R  I  Z  A  J
```

ARABA	HAYAL GÜCÜ
TOP	OYUNCAK BEBEK
BOT	BULMACA
KİTAPLAR	ROBOT
UÇURTMA	SATRANÇ
BISIKLET	DAVUL
FAVORI	OYUNLAR
UÇAK	KIL
KAMYON	TREN

10 - Komödie

```
I  D  Q  R  V  T  T  G  P  Y  Z  M  K  A
M  O  N  F  R  R  J  T  H  P  A  I  A  K
E  Ğ  L  E  N  C  E  D  J  G  T  Z  H  T
P  A  L  Y  A  Ç  O  L  A  R  E  A  K  R
O  Ç  L  V  T  N  Z  O  F  Q  L  H  A  I
Y  L  T  İ  Y  A  T  R  O  U  E  G  H  S
F  A  B  Ü  O  B  S  Q  M  K  V  H  A  O
N  M  D  I  R  E  E  K  C  M  İ  M  B  D
G  A  U  T  C  O  Y  Q  Q  L  Z  N  O  K
A  N  L  A  M  L  I  M  T  T  Y  D  I  S
L  E  Y  K  F  L  R  M  M  E  O  Q  D  G
R  T  N  B  I  R  C  C  C  E  N  U  F  Q
B  Q  C  I  K  Ş  I  Ş  A  K  A  L  A  R
P  A  R  O  D  İ  I  E  N  A  K  T  Ö  R
```

ALKIŞ
ANLAMLI
PALYAÇOLAR
TELEVİZYON
TÜR
MIZAH
DOĞAÇLAMA
KAHKAHA

PARODİ
SEYIRCI
AKTÖR
AKTRIS
EĞLENCE
TİYATRO
ŞAKALAR

11 - Camping

```
T  H  D  S  Z  Q  J  F  O  M  R  H  N  J
F  K  A  N  O  H  G  R  N  A  A  A  O  K
H  E  Ğ  O  C  E  G  N  R  C  O  Y  S  E
A  K  N  B  H  A  B  Ö  C  E  K  V  K  Ğ
R  A  Ş  E  D  O  Ğ  A  L  R  T  A  F  L
İ  B  D  A  R  S  M  K  D  A  L  N  H  E
T  İ  B  G  P  Y  A  P  U  S  U  L  A  N
A  N  N  A  G  K  N  F  H  U  A  A  M  C
I  S  I  V  G  U  A  T  E  Ş  A  R  A  E
U  O  Y  C  H  I  P  Ç  L  N  M  F  K  I
Y  O  R  I  O  R  M  A  N  R  U  S  J  D
K  E  S  L  C  C  D  D  Q  Z  A  I  Z  U
R  H  L  I  G  F  S  I  D  R  Y  E  H  T
L  T  E  K  F  I  C  R  R  S  A  U  U  F
```

MACERA	PUSULA
DAĞ	FENER
ATEŞ	AY
HAMAK	DOĞA
ŞAPKA	GÖL
BÖCEK	IP
AVCILIK	EĞLENCE
KABİN	HAYVANLAR
KANO	ORMAN
HARİTA	ÇADIR

12 - Zeit

```
B  U  T  N  N  Q  I  S  A  L  Q  K  R  P
R  B  D  M  J  O  E  O  A  U  Q  I  Z  V
S  P  L  F  V  H  R  N  T  B  D  Y  M  Q
V  O  S  D  I  G  Q  R  A  Y  A  U  Y  N
R  N  K  D  I  N  J  A  K  Ü  K  H  K  L
Y  Y  I  L  P  B  F  B  V  Z  İ  A  T  P
Ş  I  M  D  I  P  T  Ö  I  Y  K  F  U  V
M  L  L  Y  M  O  T  Ğ  M  I  A  T  A  N
R  V  H  L  Y  B  H  L  E  L  Q  A  O  V
N  T  Z  O  I  K  U  E  Z  K  M  V  H  S
R  R  K  T  M  K  D  G  Ü  N  M  Z  L  A
G  E  L  E  C  E  K  E  Ü  Q  E  H  D  A
Q  L  V  A  C  S  V  C  Ö  N  C  E  Ü  T
D  R  F  G  Q  F  E  E  R  K  E  N  N  P
```

ERKEN	ÖĞLE
DÜN	AY
BUGÜN	SABAH
YIL	SONRA
YÜZYIL	GECE
ON YIL	GÜN
YILLIK	SAAT
ŞIMDI	ÖNCE
TAKVIM	HAFTA
DAKİKA	GELECEK

13 - Säugetiere

```
N A P G P Z M A Y M U N K K
O H F G H G Ü G A T L U Ö A
G U K G T K Z R O V G T P N
T B N Q İ S I Ç A N J M E G
G O R İ L F P T S F P Y K U
T Ğ K N K H D D L I A I U R
F A K A İ Q I L A L N S N U
A Y I U P Z G Q N L N H D Z
B Y J Y R L V E C Z U Ç U F
A I K L F T A O V I L A Z J
L P A N T E R N D R N K E A
I U K O Y U N B R U H A B I
N K Q H R D P J R C Y L R B
A H U J A S D A I H U P A L
```

MAYMUN	ASLAN
AYI	PANTER
KUNDUZ	AT
FIL	SIÇAN
TİLKİ	KOYUN
ZÜRAFA	BOĞA
GORİL	KAPLAN
KÖPEK	BALINA
KANGURU	KURT
ÇAKAL	ZEBRA

14 - Astronomie

```
I  S  Ü  P  E  R  N  O  V  A  O  I  F  F
G  Ü  N  E  Ş  A  S  T  R  O  N  O  T  U
L  Ö  Y  I  L  D  I  Z  T  B  J  Q  R  T
N  G  K  M  N  I  T  U  T  U  L  M  A  A
H  N  M  A  E  Y  L  Y  H  L  F  D  S  K
O  A  G  E  D  T  Q  D  A  U  A  Y  A  I
Z  Y  A  F  P  A  E  U  S  T  I  D  T  M
G  B  H  V  M  C  J  O  T  S  L  R  H  Y
T  E  L  E  S  K  O  P  R  U  B  J  A  I
O  R  Z  O  D  Y  A  K  O  A  F  O  N  L
P  O  M  E  V  R  E  N  N  A  P  O  E  D
R  K  P  G  G  K  A  T  O  Q  I  J  I  I
A  E  H  I  C  E  G  E  M  E  Y  G  A  Z
K  T  Q  P  A  D  N  G  Ö  K  Y  Ü  Z  Ü
```

ASTRONOT	RASATHANE
ASTRONOM	GEZEGEN
TOPRAK	ROKET
TUTULMA	UYDU
GÖKADA	GÜNEŞ
GÖKYÜZÜ	YILDIZ
TAKIMYILDIZ	SÜPERNOVA
METEOR	TELESKOP
AY	ZODYAK
BULUTSU	EVREN

15 - Ballett

```
K  Y  O  Ğ  U  N  L  U  K  B  L  U  A  D
T  O  D  M  R  B  B  A  L  E  R  İ  N  A
C  P  R  O  V  A  D  K  B  S  F  O  L  N
G  M  İ  E  S  O  L  O  İ  T  I  R  A  S
G  H  T  Q  O  M  P  C  H  E  O  K  M  Ç
Z  I  İ  B  Q  G  J  V  İ  C  L  E  L  İ
S  T  M  K  N  T  R  E  H  İ  S  S  İ  L
E  K  A  S  L  A  R  A  S  B  A  T  T  A
Y  M  Ü  Z  I  K  R  A  F  T  N  R  G  R
I  T  E  K  N  İ  K  L  K  İ  A  A  K  Q
R  H  H  U  Y  N  E  K  U  Q  T  R  K  G
C  B  E  C  E  R  I  I  G  L  S  H  Z  Q
I  N  U  I  Z  I  I  Ş  G  Z  A  R  İ  F
I  N  H  L  V  Z  K  C  S  T  L  V  E  C
```

ZARİF
ALKIŞ
ANLAMLI
BALERİN
KOREOGRAFİ
BECERI
JEST
YOĞUNLUK
BESTECI
SANATSAL

MÜZIK
KASLAR
ORKESTRA
PROVA
SEYIRCI
RİTİM
SOLO
TARZ
DANSÇILAR
TEKNİK

16 - Strand

```
C D K T H A V L U D E N I Z
Z G P A P S D M Z E I Y R Q
P A I T B V K A B Q B E R G
M Q J I R H U P Y G Ü N E Ş
B O T L N L M O I A Ş G S K
D K S N K S A H İ L E E İ J
L Y J A C Q V G A M M Ç F S
B A H N N E İ A Ü Z S Q P P
M N I Z Z D Q G B N İ K J R
D U D Q S G A H B D Y O U O
O S M B G Q O L R U E P T Y
K I U S Y E L K E N L İ H Z
G B M Q B R U K I T H R E F
U I L M P O K U U G E B M P
```

MAVI	OKYANUS
BOT	ŞEMSİYE
DOK	RESİF
HAVLU	KUM
ADA	SANDALET
YENGEÇ	YELKENLİ
SAHIL	GÜNEŞ
LAGÜN	TATIL
DENIZ	

17 - Restaurant #1

```
Q  J  M  M  I  P  E  I  F  P  B  R  B  U
T  A  V  U  K  E  T  K  T  A  S  F  B  A
A  L  E  T  G  Ç  A  G  M  G  I  D  A  S
B  E  Z  F  K  E  T  P  D  E  E  T  Y  O
A  R  V  A  K  T  L  R  F  B  K  B  A  S
K  J  B  K  A  E  I  I  E  H  I  M  N  N
H  İ  C  D  H  J  F  T  R  M  Y  Ç  G  Q
Z  J  J  R  V  C  H  U  Z  Z  Y  O  A  F
D  D  T  I  E  T  O  A  Q  I  B  Y  R  K
M  R  E  Z  E  R  V  A  S  Y  O  N  S  Q
Z  E  B  A  H  A  R  A  T  L  I  G  O  Y
K  S  N  C  D  O  H  P  U  M  N  N  N  F
Z  G  S  Ü  Z  J  C  G  M  Q  Z  M  A  H
E  Y  R  Y  I  Q  B  Z  R  I  D  K  F  A
```

ALERJİ	MENÜ
EKMEK	BIÇAK
TATLI	REZERVASYON
GIDA	TAS
ET	PEÇETE
TAVUK	SOS
KAHVE	TABAK
BAYAN GARSON	BAHARATLI
MUTFAK	

18 - Geologie

```
N  F  C  A  K  G  M  E  N  A  Y  T  F  E
T  M  M  M  H  İ  E  E  T  T  E  O  İ  E
D  V  N  E  N  U  T  D  R  L  A  V  N  Y
Y  P  O  L  Z  T  F  A  G  C  J  U  T  V
M  A  Ğ  A  R  A  O  Q  N  F  A  T  A  V
D  G  İ  C  K  S  A  R  K  I  T  N  Ş  K
Ö  A  E  B  C  İ  K  U  V  A  R  S  E  A
N  B  R  D  Ö  T  H  C  P  I  I  I  D  L
G  F  O  S  İ  L  R  G  F  Q  D  B  Ö  S
Ü  C  Z  G  T  P  G  A  Y  Z  E  R  K  İ
L  E  Y  A  Y  L  A  E  P  Q  P  L  M  Y
E  V  O  L  K  A  N  B  D  H  R  O  E  U
R  K  N  P  F  T  U  Z  G  O  E  P  P  M
M  İ  N  E  R  A  L  L  E  R  M  L  L  G
```

DEPREM
EROZYON
FOSİL
DÖKME
GAYZER
MAĞARA
KALSİYUM
KITA
MERCAN
LAV

MİNERALLER
YAYLA
KUVARS
TUZ
ASİT
SARKIT
TAŞ
VOLKAN
BÖLGE
DÖNGÜLER

19 - Wissenschaft

```
M  G  O  M  T  M  Z  E  İ  Z  D  G  C  Y
O  E  Q  Q  I  İ  T  L  V  D  O  Ğ  A  S
L  R  H  T  V  N  G  B  N  R  O  Y  Y  A
E  Ç  B  G  E  E  V  D  U  F  I  I  R  H
K  E  İ  D  R  R  H  I  A  O  Z  M  U  E
Ü  K  T  E  I  A  T  O  M  S  N  Y  N  Y
L  K  K  N  M  L  S  M  F  İ  Z  İ  K  Ö
R  I  İ  E  Q  L  V  I  K  L  I  M  J  N
Y  M  L  Y  R  E  H  I  P  O  T  E  Z  T
O  Y  E  Y  E  R  Ç  E  K  İ  M  İ  J  E
P  A  R  Ç  A  C  I  K  L  A  R  V  B  M
H  S  O  R  G  A  N  İ  Z  M  A  Q  J  C
Z  A  U  H  A  E  E  G  M  P  Q  K  O  U
D  L  A  B  O  R  A  T  U  V  A  R  O  I
```

ATOM	MİNERALLER
KIMYASAL	MOLEKÜL
VERI	DOĞA
EVRIM	ORGANİZMA
DENEY	PARÇACIKLAR
FOSİL	BİTKİLER
HIPOTEZ	FİZİK
IKLIM	YERÇEKİMİ
LABORATUVAR	GERÇEK
YÖNTEM	

20 - Bildende Kunst

```
M  H  F  O  T  O  Ğ  R  A  F  B  H  E  T
S  İ  E  Ş  A  B  L  O  N  G  A  P  F  E
F  A  M  Y  Z  F  Z  G  P  K  Ş  E  I  B
J  Q  N  A  K  A  L  E  M  O  Y  R  L  E
M  G  N  A  R  E  P  A  G  M  A  S  M  Ş
P  J  V  B  T  İ  L  C  Y  P  P  P  C  İ
U  C  P  I  B  Ç  V  H  C  O  I  E  J  R
L  B  O  T  S  T  I  C  H  Z  T  K  I  L
Y  A  R  A  T  I  C  I  L  I  K  T  Ş  E
M  L  T  G  K  T  F  B  E  S  M  I  Ö  M
I  M  R  S  A  H  P  Y  S  Y  J  F  V  G
T  U  E  T  K  M  P  H  D  O  V  K  A  C
C  M  K  E  P  E  T  H  M  N  L  O  L  L
M  U  D  B  S  B  O  Y  A  M  A  Q  E  F
```

MİMARİ	PERSPEKTIF
KALEM	PORTRE
FILM	ŞABLON
FOTOĞRAF	HEYKEL
BOYAMA	ŞÖVALE
YARATICILIK	KIL
TEBEŞİR	BALMUMU
SANATÇI	KOMPOZISYON
BAŞYAPIT	

21 - Sport

```
T  T  D  H  B  H  H  E  U  C  O  O  A  O
Y  N  A  R  J  C  A  K  G  O  Z  C  Q  U
T  Y  B  K  O  Ç  R  A  O  Y  U  N  C  U
Z  C  P  G  I  C  E  Z  L  U  A  K  H  J
H  O  K  E  Y  M  K  A  F  N  B  J  V  İ
V  F  Z  E  D  V  E  N  P  B  A  P  I  M
A  T  L  E  T  B  T  A  V  F  S  G  L  N
S  A  L  O  N  T  E  N  İ  S  K  I  P  A
T  V  Ş  A  M  P  İ  Y  O  N  E  A  H  S
A  H  A  K  E  M  Q  K  Z  Q  T  M  V  T
D  B  I  S  I  K  L  E  T  B  B  U  J  İ
Y  J  C  A  I  I  P  U  V  Y  O  B  T  K
U  B  S  O  U  T  F  U  N  K  L  L  Z  F
M  P  L  G  K  Q  J  K  V  I  U  D  B  M
```

ATLET	JİMNASTİK
BEYZBOL	TAKIM
BASKETBOL	ŞAMPİYON
HAREKET	HAKEM
HOKEY	OYUN
BISIKLET	OYUNCU
KAZANAN	STADYUM
GOLF	TENİS
SALON	KOÇ

22 - Mythologie

```
Ö  L  Ü  M  S  Ü  Z  L  Ü  K  K  G  F  L
K  U  V  V  E  T  F  P  U  L  I  Ö  E  L
A  C  V  N  C  O  Z  Z  I  B  S  K  L  A
U  A  S  Z  E  F  S  A  N  E  K  G  A  K
F  N  F  S  N  Y  R  I  T  B  A  Ü  K  N
T  A  J  A  N  G  E  L  I  Ü  N  R  E  Y
C  V  T  V  E  N  U  I  K  Y  Ç  Ü  T  I
Y  A  R  A  T  I  K  Z  A  Ü  L  L  N  L
Ö  R  T  Ş  Z  L  R  Ü  M  L  I  T  U  D
T  L  Q  Ç  A  E  M  D  L  Ü  K  Ü  M  I
E  K  Ü  I  K  H  T  D  C  T  K  S  U  R
F  U  K  M  M  Z  B  B  B  F  Ü  Ü  N  I
U  U  B  R  L  E  Q  V  I  L  S  R  E  M
U  H  F  Y  E  Ü  K  A  H  R  A  M  A  N
```

NUMUNE	KÜLTÜR
YILDIRIM	EFSANE
GÖK GÜRÜLTÜSÜ	BÜYÜLÜ
KISKANÇLIK	CANAVAR
KAHRAMAN	INTIKAM
CENNET	KUVVET
FELAKET	ÖLÜMLÜ
YARATIK	ÖLÜMSÜZLÜK
SAVAŞÇI	

23 - Tools

```
M E R D I V E N B I Ç A K T
E T M T D Z K I Z J M K C L
Ş E P A U O N Ü V İ U L P V
A K E Z K T M J R L A S N U
L E N I P A K C C E T V E L
E R S M P Z S A U T K I K H
L L E B P K D U L D Q H M M
S E Ç A V H J Y V V N T J M
Z K E F D Z K A B L O F N C
V B K C E I Q A A S S B O A
I Q I P R A H U E H C A L V
D U Ç P D T D O L D O L G K
A M E N A H E U J Q C T D R
V O Z Z T Z U K U Y N A K G
```

BALTA
MEŞALE
ÇEKIÇ
ZIMBA
KABLO
TUTKAL
MERDIVEN
CETVEL

BIÇAK
TEKERLEK
JİLET
KÜREK
MAKAS
VIDA
IP
PENSE

24 - Restaurant #2

```
P  B  O  G  R  V  U  P  F  S  U  E  T  R
S  A  N  D  A  L  Y  E  M  A  E  H  C  I
Z  G  I  O  Z  R  Z  I  S  L  R  H  V  Q
Z  N  Q  F  S  J  S  P  I  A  İ  G  C  R
M  E  Y  V  E  T  E  O  M  T  Ş  O  F  E
N  B  U  Z  R  S  B  Y  N  A  T  O  Y  Ç
O  A  M  O  Y  S  Z  R  P  İ  E  U  E  O
G  H  U  M  E  L  E  Z  Z  E  T  L  I  R
F  A  R  Z  Z  R  L  K  E  K  Ç  H  L  B
Q  R  T  T  M  G  E  F  L  F  A  R  A  A
K  A  A  U  E  U  R  E  J  S  T  Ş  Z  Y
D  T  C  Y  Z  B  A  L  I  K  A  L  I  Q
D  Q  Q  M  E  B  L  G  A  F  L  J  S  K
A  U  G  S  D  N  F  E  D  Q  R  M  J  L
```

YUMURTA	KEK
BUZ	KAŞIK
BALIK	ERİŞTE
MEYVE	SALATA
ÇATAL	TUZ
SEBZELER	SANDALYE
BAHARAT	ÇORBA
GARSON	MEZE
LEZZETLI	SU

25 - Ökologie

```
F  K  Ü  R  E  S  E  L  T  E  P  B  B  Ç
D  A  Ğ  L  A  R  I  C  Q  A  F  A  İ  E
O  Y  U  K  U  R  A  K  L  I  K  T  T  Ş
Ğ  N  V  N  S  C  P  F  L  O  R  A  K  I
A  A  U  E  A  R  S  P  G  I  L  K  İ  T
L  K  H  E  K  L  T  U  J  F  M  L  Ö  L
N  L  L  Z  V  K  D  O  Ğ  A  H  I  R  I
C  A  C  Q  L  D  P  T  P  Y  B  K  T  L
E  R  G  Ö  N  Ü  L  L  Ü  L  H  D  Ü  I
U  M  T  A  E  K  G  M  Z  O  F  S  K
Q  B  O  L  S  Q  D  B  J  A  P  L  Ü  K
D  E  N  İ  Z  L  J  M  G  F  A  F  U  V
E  K  A  B  İ  T  K  İ  L  E  R  Y  J  K
Q  A  U  U  N  P  F  P  Z  Z  V  J  A  Z
```

DAĞLAR	DOĞA
KURAKLIK	DOĞAL
FAUNA	BİTKİLER
FLORA	KAYNAKLAR
GÖNÜLLÜ	BATAKLIK
TOPLULUK	BEKA
KÜRESEL	BİTKİ ÖRTÜSÜ
IKLIM	ÇEŞITLILIK
DENİZ	

26 - Schokolade

```
K  C  E  V  L  E  Z  Z  E  T  L  İ  Ö  A
Z  A  C  İ  S  N  G  E  J  C  H  Ç  Z  R
D  K  L  I  N  L  K  Z  O  H  U  E  L  O
A  R  C  I  T  F  A  V  O  R  I  R  E  M
R  P  Q  B  T  Y  K  B  Z  T  U  I  M  A
K  P  F  E  G  E  A  K  B  H  I  K  B  L
R  A  T  O  Z  M  O  K  L  L  N  K  M  N
N  B  L  V  M  E  T  Ş  E  K  E  R  T  F
J  C  E  O  E  K  A  R  A  M  E  L  D  U
F  Z  Z  Z  R  F  T  Z  A  N  A  A  T  G
Y  M  Z  L  J  İ  L  S  V  D  Z  H  K  M
Y  J  E  G  P  O  I  V  Z  B  Q  R  I  B
A  N  T  İ  O  K  S  İ  D  A  N  N  Z  R
U  B  G  G  U  I  B  E  V  P  J  Y  K  P
```

ANTİOKSİDAN
AROMA
ACI
YEMEK
EGZOTIK
FAVORI
LEZZET
ZANAAT
KAKAO

KALORİ
KARAMEL
LEZZETLI
TOZ
KALITE
TATLI
ÖZLEM
ŞEKER
IÇERIK

27 - Boote

```
K  E  O  Y  Z  D  İ  R  E  K  A  N  O  I
R  Y  A  V  Y  E  L  K  E  N  L  İ  R  D
Z  V  V  P  F  N  D  A  L  G  A  L  A  R
M  J  I  R  E  İ  O  H  I  Ö  G  Y  G  O
N  E  H  I  R  Z  K  Q  L  L  D  M  F  K
M  V  P  Y  İ  C  Ç  A  T  Q  I  J  D  Y
V  O  Q  A  B  İ  A  A  C  F  D  P  E  A
O  L  T  T  O  L  O  Y  P  G  E  T  N  N
F  L  U  O  T  İ  S  A  L  A  N  E  İ  U
S  E  A  Y  R  K  N  Y  Y  N  İ  G  Z  S
D  E  N  I  Z  V  G  K  M  A  Z  V  L  C
V  E  V  P  J  F  B  T  V  M  C  A  Q  Z
M  Ü  R  E  T  T  E  B  A  T  İ  O  A  D
O  C  K  Ş  A  M  A  N  D  I  R  A  A  C
```

ÇAPA	DENIZ
ŞAMANDIRA	MOTOR
MÜRETTEBAT	DENİZ
DOK	OKYANUS
FERİBOT	GÖL
SAL	DENİZCİ
NEHIR	YELKENLİ
KANO	IP
DENİZCİLİK	DALGALAR
DİREK	YAT

28 - Stadt

```
J  O  U  K  İ  T  A  P  Ç  I  B  O  D  K
R  E  S  T  O  R  A  N  A  K  A  K  E  İ
T  İ  Y  A  T  R  O  U  V  Z  C  U  N  K
S  S  T  A  D  Y  U  M  A  J  A  L  U  V
E  Ü  K  F  A  L  Q  S  L  F  I  R  I  N
C  K  P  F  V  V  M  B  Z  C  B  D  E  R
Z  L  J  E  İ  O  A  A  G  B  O  T  E  L
A  İ  B  E  R  S  İ  N  E  M  A  S  J  I
N  N  R  U  G  M  Y  K  P  Ü  G  A  E  E
E  İ  T  M  J  A  A  A  E  Z  U  L  M  A
M  K  G  Z  Q  H  L  R  J  E  I  O  M  P
U  K  Y  K  Ç  İ  Ç  E  K  Ç  İ  N  T  E
M  L  P  A  H  T  V  F  R  E  G  Y  U  I
K  Ü  T  Ü  P  H  A  N  E  İ  T  N  Y  P
```

ECZANE
BANKA
FIRIN
KÜTÜPHANE
ÇİÇEKÇİ
KİTAPÇI
GALERİ
OTEL
SİNEMA

KLİNİK
PAZAR
MÜZE
RESTORAN
SALON
OKUL
STADYUM
SÜPERMARKET
TİYATRO

29 - Aktivitäten

```
J  B  B  A  L  I  K  Ç  I  L  I  K  A  P
D  L  O  R  A  H  A  T  L  A  M  A  V  S
G  B  Y  Ş  V  E  N  L  Z  Y  Z  Y  C  E
S  D  A  N  S  I  D  S  A  L  A  L  I  R
H  R  M  Y  Ü  R  Ü  Y  Ü  Ş  O  G  L  A
O  P  A  O  Y  U  N  L  A  R  H  V  I  M
C  M  L  H  D  H  Z  D  İ  K  İ  Ş  K  İ
Ö  E  M  O  H  B  E  S  D  E  C  O  O  K
R  B  A  H  Ç  I  V  A  N  L  I  K  E  Y
M  S  I  H  I  R  K  M  T  B  N  U  L  Q
E  I  A  B  E  C  E  R  I  L  B  M  T  Z
Q  G  G  N  N  Y  U  O  F  V  C  A  O  N
P  U  P  G  A  O  J  D  I  A  H  Y  A  I
B  S  H  D  T  T  K  V  K  R  U  F  U  G
```

BALIKÇILIK	OKUMA
RAHATLAMA	SIHIR
BECERI	DİKİŞ
BOŞ	OYUNLAR
BAHÇIVANLIK	ÖRME
BOYAMA	DANS
AVCILIK	ZEVK
SERAMİK	YÜRÜYÜŞ
SANAT	

30 - Bienen

```
K  B  G  Ç  E  Ş  I  T  L  I  L  I  K  O
A  Ö  Ü  G  I  D  A  Z  V  F  A  C  N  U
N  C  N  B  E  B  İ  T  K  İ  L  E  R  Ç
A  E  E  I  O  G  A  N  J  C  Q  Q  S  İ
T  K  Ş  Z  Q  N  P  L  Q  K  Ç  K  F  Ç
L  T  O  Z  L  A  Y  I  C  I  İ  R  S  E
A  B  A  L  M  U  M  U  B  U  Ç  A  Z  K
R  J  Z  O  S  D  U  M  A  N  E  L  M  L
M  E  Y  V  E  Ü  C  B  H  Q  K  I  J  E
K  P  N  O  Q  F  R  U  Ç  F  S  Ç  G  R
A  O  O  O  V  I  M  Ü  E  D  H  E  S  R
E  L  V  I  E  K  O  S  İ  S  T  E  M  E
C  E  E  A  F  A  Y  D  A  L  I  N  H  F
I  N  Y  J  N  R  T  Z  Q  F  D  Y  S  K
```

TOZLAYICI   KRALIÇE
KOVAN   EKOSİSTEM
ÇİÇEKLER   BİTKİLER
ÇİÇEK   POLEN
GIDA   DUMAN
KANATLAR   SÜRÜ
MEYVE   GÜNEŞ
BAHÇE   ÇEŞİTLILIK
BAL   FAYDALI
BÖCEK   BALMUMU

31 - Wissenschaftliche Disziplinen

```
T  E  R  M  O  D  İ  N  A  M  İ  K  F  D
H  I  A  N  A  T  O  M  İ  I  N  I  N  İ
B  İ  Y  O  L  O  J  İ  M  A  Ö  M  M  L
J  E  O  L  O  J  İ  G  M  R  R  Y  K  B
Z  O  O  L  O  J  İ  V  Ü  H  O  A  Z  İ
B  A  Z  K  A  S  J  I  N  Z  L  Q  F  L
P  O  A  B  Q  B  E  K  O  L  O  J  İ  İ
M  Z  T  P  S  İ  K  O  L  O  J  İ  Z  M
Z  T  V  A  V  B  İ  Y  O  K  İ  M  Y  A
Z  M  H  U  N  Z  A  E  J  P  Z  D  O  G
V  E  C  O  T  İ  C  P  İ  I  I  S  L  C
Z  L  I  A  M  E  K  A  N  İ  K  N  O  N
M  İ  N  E  R  A  L  O  J  İ  Q  A  J  D
A  S  T  R  O  N  O  M  İ  J  A  B  İ  A
```

ANATOMİ	MEKANİK
ASTRONOMİ	MİNERALOJİ
BİYOKİMYA	NÖROLOJİ
BİYOLOJİ	EKOLOJİ
BOTANİK	FİZYOLOJİ
KIMYA	PSİKOLOJİ
JEOLOJİ	TERMODİNAMİK
İMMÜNOLOJİ	ZOOLOJİ
DİLBİLİM	

32 - Vögel

```
V C A C P E E K Y P D E R B
B A Y K U Ş E H U A Q T H A
M R P O B U E N M P I D F L
T A E N Q T J C U A I V K I
F Ö R D E K J Q R Ğ Q K A K
P S Q T A V U K T A E C R Ç
E E I I I K G M A N G Z T I
N R L F L A M İ N G O O A L
G Ç E İ O R C T I K A Z L Y
U E Y Z K G J A Y U U R P N
E K L A I A D V T Z L Ğ N T
N Z E P F N N U Y G U G U K
I B K D R Z A S I U I M S C
G Ü V E R C İ N Y N S S N C
```

KARTAL	PAPAĞAN
YUMURTA	PELİKAN
ÖRDEK	TAVUS
BAYKUŞ	PENGUEN
FLAMİNGO	KUZGUN
KAZ	BALIKÇIL
TAVUK	KUĞU
KARGA	SERÇE
GUGUK	LEYLEK
MARTI	GÜVERCİN

33 - Kochen Tools

```
R Y Z Q R D M V B H Q B M F
T S E Z E D K S U P Y I A T
F O Y I N Y U S Z V S Ç K S
J B S I D S I Ü D K Z A A J
S A Z T E Ç L Z O A A K S R
U P E I F A D G L P V K I Y
G Y A B N T H E A A C S A M
K L T T I A H Ç B K I E P D
R A S Q U L P Q I K K K J I
T D Ş A B L E N D E R A F N
M K Z I L K A R V O Z Z L G
I Q G C K F I R I N J A I N
T E R M O M E T R E D N A C
H O A G P D D T U Z A N K Z
```

KAPAK
ÇATAL
SOBA
BUZDOLABI
KAŞIK
BIÇAK
BLENDER
FIRIN

RENDE
MAKAS
SÜZGEÇ
SPATULA
TERMOMETRE
TOST
KAZAN

34 - Garten

```
M B O G N N S C B I O D T C
Z K G A T N Ç I T G N T R H
T O P R A K B I Y Y Y P A O
V Y V K I B H A M A K N M M
E J H O R T U M G E I V B O
R Z Q N G A R A J L N V O T
A M F E Ö T T I R M I K L L
N F H H L Ç E S B A N K İ A
D V D Z E T I R A Ğ A Ç N R
A F T I T V V Ç A L I B T T
K Ü R E K P L I E S G A M N
F Q V D Y K N O M K N H K L
T N J I F G T U Y R Z Ç P N
Q H Z E A B Y I C Q C E B F
```

BANK	TIRMIK
AĞAÇ	KÜREK
ÇIÇEK	HORTUM
TOPRAK	GÖLET
ÇALI	TERAS
GARAJ	TRAMBOLİN
BAHÇE	OTLAR
ÇIMEN	VERANDA
HAMAK	ÇIT

35 - Antarktis

```
K  A  V  P  U  A  C  Z  C  Ç  K  B  S  T
O  U  T  M  U  K  I  E  O  E  A  I  D  E
R  R  O  K  U  Ş  L  A  R  V  Y  L  L  Q
U  Ü  P  S  F  S  E  F  E  R  A  I  H  Y
M  Z  O  O  T  T  A  C  Z  E  L  M  E  Q
A  G  Ğ  F  L  U  I  V  K  V  I  S  L  L
Y  A  R  I  M  A  D  A  S  Q  K  E  U  C
A  R  A  Ş  T  I  R  M  A  C  I  L  S  O
Q  L  F  N  S  E  B  U  Z  I  G  Y  Y  Ğ
T  A  Y  B  U  Z  U  L  L  A  R  Ö  L  R
K  R  A  Y  U  S  K  H  A  V  A  B  Ç  A
R  O  R  U  H  S  I  C  A  K  L  I  K  F
H  I  Y  P  D  P  T  Z  B  G  I  D  L  Y
K  M  İ  N  E  R  A  L  L  E  R  Q  L  A
```

KOY	GÖÇ
BUZ	MİNERALLER
KORUMA	SICAKLIK
SEFER	TOPOĞRAFYA
KAYALIK	ÇEVRE
ARAŞTIRMACI	KUŞLAR
COĞRAFYA	SU
BUZULLAR	HAVA
YARIMADA	RÜZGARLAR
KITA	BILIMSEL

36 - Fahren

```
O T R G A R A J K L E C F T
K A Z A R T T R C İ M K R A
M L E Z A R E T Q S N K E Ş
L F Q H B A H L Ü A İ Q N I
A H G Q A F L H Y N Y B L M
Z U I B H İ I O A S E A E A
F I Q Z G K K I K R T L R C
P O L İ S R E C I V İ O Y I
K A M Y O N M O T O R T C L
A Z J M O Y R S N H G O A I
L C M J D H V Z M T A B Z K
M O T O S İ K L E T Z Ü A N
D I K K A T M O I Z K S L T
K F R U Q V Q C J D Y E Y G
```

ARABA
FRENLER
YAKIT
OTOBÜS
GARAJ
GAZ
TEHLIKE
HIZ
HARİTA
LİSANS

KAMYON
MOTOR
MOTOSİKLET
POLİS
EMNİYET
TAŞIMACILIK
TÜNEL
KAZA
TRAFİK
DIKKAT

37 - Bücher

```
T  O  K  K  S  V  H  E  S  Y  İ  M  F  R
R  K  O  D  I  Z  I  E  A  A  L  A  C  Q
A  U  L  B  H  Z  L  A  Y  Z  G  C  M  M
J  Y  E  T  A  R  İ  H  F  A  İ  E  K  G
İ  U  K  L  J  Ğ  U  Y  A  R  L  R  K  V
K  C  S  E  T  F  L  M  R  I  İ  A  N  S
T  U  I  C  D  D  B  A  R  D  Y  Q  E  G
M  Ö  Y  K  Ü  E  E  F  M  N  U  J  A  A
İ  R  O  M  A  N  S  P  K  E  D  E  B  Î
Z  N  N  I  T  R  H  T  Y  A  Z  I  L  I
A  N  L  A  T  I  C  I  A  Y  Ş  A  D  K
H  İ  K  İ  L  İ  K  Q  V  N  I  F  E  B
İ  S  H  H  L  Y  A  R  A  T  I  C  I  O
Z  D  I  D  H  F  T  M  U  L  R  E  F  E
```

MACERA	KOLEKSIYON
YAZAR	BAĞLAM
İKİLİK	OKUYUCU
DESTAN	EDEBÎ
YARATICI	ŞIIR
ANLATICI	İLGİLİ
ÖYKÜ	ROMAN
YAZILI	SAYFA
TARİH	DIZI
MİZAHİ	TRAJİK

38 - Menschlicher Körper

```
U  V  V  F  N  T  Q  T  K  B  K  A  J  P
B  E  Y  I  N  E  D  Q  A  G  R  I  V  Z
P  A  R  M  A  K  A  L  P  A  G  V  V  I
K  Y  C  H  S  A  E  H  Z  J  O  P  V  K
A  A  R  A  Q  N  P  H  C  M  M  I  D  E
V  K  F  N  K  O  O  V  A  Y  U  A  I  Q
U  B  O  Y  U  N  D  K  Y  Ü  Z  Ğ  Z  P
T  I  A  B  U  R  U  N  U  E  D  I  L  J
Y  L  Q  Ş  R  A  S  E  G  L  Y  Z  T  S
Ç  E  N  E  J  S  J  A  D  R  A  Y  R  T
F  Ğ  H  Y  U  J  R  B  Y  Z  C  K  E  N
Q  I  K  V  U  N  C  I  L  T  I  P  R  B
Y  D  I  R  S  E  K  F  H  T  H  P  M  A
C  B  S  T  E  P  E  Q  P  L  O  F  G  A
```

BACAK	ÇENE
KAN	DIZ
DIRSEK	AYAK BILEĞI
PARMAK	BAŞ
BEYIN	MIDE
YÜZ	AĞIZ
BOYUN	BURUN
EL	KULAK
CILT	OMUZ
KALP	DIL

39 - Landschaften

```
M  S  L  P  R  V  L  G  M  H  D  A  G  M
V  K  P  Q  T  A  I  T  A  O  H  D  L  A
B  O  L  F  G  H  U  E  H  Y  J  C  N  Ğ
T  J  L  I  F  A  P  P  G  O  Z  D  G  A
J  I  G  K  Ö  R  F  E  Z  G  A  E  G  R
N  B  A  T  A  K  L  I  K  B  J  V  R  A
L  Z  F  T  U  N  D  R  A  U  P  A  R  T
B  U  Z  D  A  Ğ  I  K  K  Z  D  D  H  D
B  I  O  B  G  L  Y  N  T  U  Y  I  A  P
A  K  N  Ç  Ö  L  T  C  F  L  J  I  D  Ğ
P  L  A  J  L  Y  A  R  I  M  A  D  A  O
D  E  N  I  Z  Ş  E  L  A  L  E  N  G  L
N  E  H  I  R  C  M  K  Q  E  U  Z  B  H
H  V  T  J  Y  P  A  N  I  I  F  V  O  L
```

DAĞ	DENIZ
BUZDAĞI	VAHA
NEHIR	GÖL
GAYZER	PLAJ
BUZUL	BATAKLIK
KÖRFEZ	VADI
YARIMADA	TUNDRA
MAĞARA	VOLKAN
TEPE	ŞELALE
ADA	ÇÖL

40 - Abenteuer

```
J  R  S  O  Y  G  G  E  K  Y  H  İ  B  C
N  G  J  V  L  Ü  B  E  M  E  B  C  D  E
S  O  E  G  H  Z  V  L  Z  N  Y  L  J  S
E  L  F  Y  S  E  F  E  R  I  İ  S  A  A
V  A  Z  O  R  L  U  K  G  M  M  Y  S  R
İ  Ğ  T  E  H  L  I  K  E  L  I  D  E  R
N  A  H  A  Z  I  R  L  I  K  U  E  Y  T
Ç  N  K  G  C  K  G  Ü  Z  E  R  G  A  H
F  D  O  Ğ  A  Ş  B  R  K  U  E  C  H  E
H  I  A  R  K  A  D  A  Ş  L  A  R  A  V
E  Ş  R  R  H  N  Z  K  J  L  I  R  T  E
D  I  D  S  E  S  C  G  A  E  S  P  L  S
E  N  M  Ş  A  Ş  I  R  T  I  C  I  E  D
F  B  U  H  O  T  C  R  D  G  H  O  R  D
```

GEZI	SEYAHATLER
HEVES	GÜZERGAH
ŞANS	GÜZELLIK
SEVİNÇ	ZORLUK
ARKADAŞLAR	EMNİYET
TEHLIKELI	CESARET
FIRSAT	OLAĞAN DIŞI
DOĞA	ŞAŞIRTICI
SEFER	HAZIRLIK
YENI	HEDEF

41 - Flugzeuge

```
M A C E R A H A V A T L E Y
Ü O M Y R N H P T A F J B O
R U T Y O L C U Y A P I T V
E R L O O P P G Ö K Y Ü Z Ü
T T F M R E İ I N I Ş U Z A
T U O L Q R L T A S A R I M
E H V R A V O Y A K I T A Ş
B R Y I L A T Q P R A O T İ
A T Z R C N I T R B I I M Ş
T Y Ü K S E K L I K N H O İ
R N S S K B A L O N D L S R
T Ü R B Ü L A N S R C K F M
H İ D R O J E N C V Y U E E
B B M S L O R E O L H R R K
```

MACERA	YÜKSEKLIK
INIŞ	YAPI
ATMOSFER	HAVA
ŞİŞİRMEK	MOTOR
BALON	YOLCU
YAKIT	PİLOT
MÜRETTEBAT	PERVANE
TASARIM	YÖN
TARIH	TÜRBÜLANS
GÖKYÜZÜ	HİDROJEN

42 - Haartypen

```
P  F  E  S  A  Ğ  L  I  K  L  I  İ  J  K
Ö  R  G  Ü  L  Ü  G  Ü  M  Ü  Ş  G  J  N
B  K  K  P  O  K  Z  A  E  R  C  Q  K  N
E  U  I  M  A  Ö  V  Y  U  M  U  Ş  A  K
Y  R  V  K  N  R  Y  D  Z  S  S  C  L  A
A  U  I  E  G  G  L  Y  U  A  C  T  I  H
Z  H  R  L  E  Ü  Q  A  N  R  R  R  N  V
I  N  C  E  O  O  U  U  K  I  S  A  D  E
L  J  I  P  N  G  T  I  B  Ş  N  Y  A  R
B  D  K  P  S  K  R  E  M  I  F  H  L  E
S  I  Y  A  H  K  L  İ  J  N  P  F  G  N
Z  K  H  T  F  H  L  İ  T  N  I  D  A  G
H  K  P  Q  P  G  Y  H  J  G  L  Y  L  I
F  D  C  D  Q  V  O  S  H  S  G  Z  I  R
```

SARIŞIN	KISA
KAHVERENGI	UZUN
KALIN	KIVIRCIK
INCE	SIYAH
RENKLİ	GÜMÜŞ
ÖRGÜLÜ	KURU
SAĞLIKLI	YUMUŞAK
PARLAK	BEYAZ
GRİ	DALGALI
KEL	ÖRGÜ

43 - Essen #1

```
K  B  K  H  G  I  Ç  O  R  B  A  M  K  S
C  A  S  F  E  S  L  E  Ğ  E  N  E  O  Ü
I  L  H  G  T  P  S  O  Ğ  A  N  Y  Y  T
V  I  V  V  O  A  H  O  Y  F  T  V  Y  L
Q  K  P  P  E  N  G  C  J  I  T  E  R  P
N  H  M  H  A  A  S  O  O  S  E  S  F  P
Ş  E  K  E  R  K  Z  Q  C  T  S  U  Q  R
B  J  S  R  H  L  T  U  Z  I  K  Y  E  Q
Ş  A  L  G  A  M  A  A  T  K  F  U  S  F
V  T  U  İ  J  R  R  V  R  V  T  R  A  T
P  K  Q  T  M  Y  Ç  K  O  M  A  L  L  J
H  A  V  U  Ç  O  I  J  S  S  U  V  A  K
Ç  İ  L  E  K  Z  N  H  M  V  B  T  T  K
M  S  A  R  I  M  S  A  K  Z  Z  K  A  H
```

FESLEĞEN	MEYVE SUYU
ARMUT	SALATA
ÇİLEK	TUZ
FISTIK	ISPANAK
ET	ÇORBA
KAHVE	BALIK
HAVUÇ	TARÇIN
SARIMSAK	LİMON
SÜT	ŞEKER
ŞALGAM	SOĞAN

44 - Gebäude

```
Ü  Q  H  A  S  T  A  N  E  R  E  S  Y  L
N  K  U  L  E  İ  M  J  R  V  L  D  F  A
I  K  A  Y  P  Y  J  Ü  L  Q  Ç  V  H  B
V  P  D  H  H  A  M  V  Z  D  İ  O  T  O
E  A  S  E  İ  T  B  A  R  E  L  B  N  R
R  N  K  R  F  R  J  B  R  Ç  İ  S  A  A
S  S  O  G  D  O  T  E  L  İ  K  R  Z  T
I  İ  S  T  A  D  Y  U  M  F  L  O  A  U
T  Y  N  G  A  R  A  J  K  T  O  K  K  V
E  O  H  E  Q  S  Y  H  K  L  E  U  A  A
L  N  H  M  M  Q  Ç  A  D  I  R  L  B  R
C  F  V  T  F  A  B  R  I  K  A  M  İ  I
S  Ü  P  E  R  M  A  R  K  E  T  P  N  G
R  A  S  A  T  H  A  N  E  V  D  N  C  S
```

ÇIFTLIK	MÜZE
ELÇİLİK	RASATHANE
FABRIKA	AHIR
GARAJ	OKUL
PANSİYON	STADYUM
OTEL	SÜPERMARKET
KABİN	TİYATRO
SİNEMA	KULE
HASTANE	ÜNIVERSITE
LABORATUVAR	ÇADIR

45 - Angeln

```
Ç  F  N  J  O  V  H  Z  B  O  R  P  R  R
E  H  A  Q  T  J  S  L  O  N  M  L  C  Z
N  F  C  Y  O  F  V  V  T  S  P  F  B  F
E  T  O  K  Y  A  N  U  S  E  A  G  Ö  L
Y  E  M  N  A  Ğ  A  O  N  P  L  B  J  E
Y  F  T  E  Z  I  P  B  C  E  Y  C  I  P
C  A  K  H  F  R  S  S  A  T  U  K  Z  R
S  N  E  I  F  L  U  M  T  R  T  I  V  E
Z  T  Y  R  G  I  A  L  K  V  T  Q  C  J
S  L  B  S  K  K  Z  R  P  H  C  I  L  N
J  E  F  K  T  K  H  R  K  U  Q  P  V  I
N  O  Z  Q  E  P  L  A  J  Z  Q  B  C  E
H  Y  S  O  L  U  N  G  A  Ç  L  A  R  G
Z  Z  F  H  N  K  A  N  C  A  S  H  Z  Z
```

BOT	SOLUNGAÇLAR
TEL	SEPET
NEHIR	YEM
SABIR	OKYANUS
AĞIRLIK	GÖL
KANCA	PLAJ
SEZON	ABARTI
ÇENE	SU

46 - Essen #2

```
F K E R E V İ Z Y I D U P I
H K I E L M A F O P O Y E S
M U Z R J S V E Ğ I M C Y T
K V V B A L I K U R A N N J
R B T A M Z P D R I T I I T
J U C A B T C A T N E T R E
B R O K O L İ Y T Ç S E N K
A M I J N T H U B L F Q R M
D S Q N Y N E M S U I G R E
E N G İ N A R U P U Ğ C N K
M A N T A R H R B E Q D A O
T Ç İ K O L A T A T B S A N
K U Ş K O N M A Z P R T I Y
U F B M Y E B I U O D E C D
```

ELMA
ENGİNAR
PATLICAN
MUZ
BROKOLİ
EKMEK
YUMURTA
BALIK
YOĞURT
PEYNIR

KIRAZ
BADEM
MANTAR
PIRINÇ
JAMBON
ÇİKOLATA
KEREVİZ
KUŞKONMAZ
DOMATES
BUĞDAY

47 - Familie

```
J  O  T  K  O  C  A  M  A  G  A  T  A  Ç
S  T  E  U  M  D  Q  R  V  I  I  S  Ç  O
T  Y  Y  Z  S  P  G  K  J  S  J  N  O  C
K  I  Z  E  V  L  A  T  L  A  U  Q  C  U
Q  G  E  N  Q  J  Ç  O  C  U  K  L  U  K
E  R  K  E  K  K  A  R  D  E  Ş  D  K  A
K  I  Z  K  A  R  D  E  Ş  O  A  F  L  D
A  I  M  G  M  R  A  G  S  G  F  D  A  I
Y  N  O  V  R  O  N  A  A  B  A  P  R  N
E  Y  N  B  N  B  Ü  Y  Ü  K  A  N  N  E
Ğ  S  R  E  M  D  T  N  E  T  M  B  Q  Ş
E  R  K  E  K  Y  E  Ğ  E  N  C  Y  A  P
N  U  V  R  B  Ü  Y  Ü  K  B  A  B  A  O
T  O  R  U  N  İ  K  İ  Z  L  E  R  U  G
```

ERKEK KARDEŞ

KADIN EŞ

KOCA

TORUN

BÜYÜKANNE

BÜYÜK BABA

ÇOCUK

ÇOCUKLAR

ÇOCUKLUK

ANNE

ERKEK YEĞEN

YEĞEN

AMCA

KIZ KARDEŞ

TEYZE

KIZ EVLAT

BABA

KUZEN

ATA

İKİZLER

48 - Pflanzen

```
N  L  Y  O  S  U  N  S  L  Ç  I  Ç  E  K
L  B  V  R  T  O  F  A  P  U  A  A  Y  F
C  Z  D  M  F  H  H  R  M  I  E  L  M  V
F  K  U  A  H  B  A  M  B  U  R  I  J  G
L  A  T  N  U  K  Z  A  O  A  Q  C  L  G
O  K  S  L  K  F  G  Ş  T  A  H  V  U  Ü
R  T  K  U  H  N  I  I  A  Ğ  A  Ç  Q  B
A  Ü  Ö  F  L  E  P  K  N  M  H  I  E  R
C  S  K  R  F  Y  S  Z  İ  V  E  M  Y  E
C  T  O  M  J  C  E  R  K  U  M  E  Z  Y
B  İ  T  K  İ  Ö  R  T  Ü  S  Ü  N  U  A
Y  E  Ş  İ  L  L  İ  K  J  H  I  D  G  C
I  E  G  M  O  U  Q  P  N  E  N  I  S  Z
Y  A  P  R  A  K  D  T  J  D  L  F  O  M
```

BAMBU	FLORA
AĞAÇ	BAHÇE
DUT	ÇİMEN
ÇİÇEK	KAKTÜS
YAPRAK	OT
FASULYE	YEŞİLLİK
BOTANİK	YOSUN
ÇALI	BİTKİ ÖRTÜSÜ
GÜBRE	ORMAN
SARMAŞIK	KÖK

49 - Gewürze

```
K H Z H T S M O N K T S V C
A S H A U A S C S A A A A L
R O O Y Z F T G S K R R N C
A D Y S U R J L B U Ç I İ Z
N L H E O A J A I L I M L D
F F P J A N F L B E N S Y C
İ S O Ğ A N I N E E C A A H
L E Z Z E T F I R Z E K Q Q
M E T K S C O F N D V A R P
K E K I R M I Z I B İ B E R
Ö F Y Ş Q A E K T S Z P Z B
R M U A I I D R B E T T E O
İ Z S A N A S O N A C I N Q
Z E N C E F I L L C K B E I
```

ANASON	KARANFİL
ACI	KIRMIZI BİBER
KÖRİ	BIBER
REZENE	SAFRAN
LEZZET	TUZ
ZENCEFIL	EKŞI
KAKULE	TATLI
SARIMSAK	VANİLYA
MEYAN	TARÇIN
CEVİZ	SOĞAN

50 - Gemüse

```
P  S  I  Ş  I  S  P  A  N  A  K  P  Q  H
A  A  C  A  H  A  V  U  Ç  L  A  K  Y  Q
T  D  G  L  S  L  Z  E  Y  T  I  N  H  G
L  Q  Q  G  K  A  R  N  A  B  A  H  A  R
I  M  R  A  K  T  K  E  R  E  V  İ  Z  B
C  S  P  M  H  A  M  A  Y  D  A  N  O  Z
A  Z  A  H  P  L  B  R  O  K  O  L  İ  E
N  A  T  R  E  I  C  D  O  M  A  T  E  S
M  N  A  P  I  K  K  R  H  N  O  B  O  T
A  I  T  B  R  M  S  E  N  G  İ  N  A  R
N  N  E  R  E  F  S  O  Q  K  E  E  J  K
T  O  S  A  L  A  T  A  Ğ  J  R  P  A  D
A  B  E  Z  E  L  Y  E  K  A  V  Q  H  B
R  Z  E  N  C  E  F  I  L  N  N  Z  P  G
```

ENGİNAR
PATLICAN
KARNABAHAR
BROKOLİ
BEZELYE
SALATALIK
ZENCEFIL
HAVUÇ
PATATES
SARIMSAK

KABAK
ZEYTIN
MAYDANOZ
MANTAR
ŞALGAM
SALATA
KEREVİZ
ISPANAK
DOMATES
SOĞAN

51 - Katzen

```
M  U  V  S  K  Ü  Ç  Ü  K  D  O  U  C  F
J  H  L  B  E  K  R  C  E  E  A  Y  G  H
P  J  T  I  K  V  F  I  P  L  I  K  R  O
A  Y  M  Q  I  V  E  Z  L  İ  Y  U  H  P
C  L  Z  B  Ş  Y  A  C  H  I  Z  L  I  C
B  M  O  V  I  C  B  H  E  Z  Z  U  E  U
A  N  N  D  L  Z  Q  S  Ş  N  P  R  Y  L
Ğ  O  N  B  I  Q  K  Z  Q  İ  E  M  Y  T
I  A  U  F  K  E  Ü  U  T  A  N  G  A  Ç
M  S  R  A  L  H  R  N  Y  N  Ç  K  V  F
S  C  V  R  I  K  K  P  R  R  E  A  C  F
I  Z  M  E  R  A  K  L  I  Y  U  R  I  T
Z  B  K  U  S  O  O  Y  F  Y  B  K  H  U
L  D  T  K  K  V  B  G  S  L  H  L  F  D
```

KÜRK	UYKU
IPLIK	HIZLI
AVCI	UTANGAÇ
SEVECEN	KUYRUK
FARE	BAĞIMSIZ
MERAKLI	DELİ
KIŞILIK	KÜÇÜK
PENÇE	VAHŞİ

52 - Tanzen

```
R  N  G  F  K  K  Ü  L  T  Ü  R  M  V  K
T  İ  E  J  B  G  K  K  K  T  N  A  Ü  L
A  J  T  Ş  D  U  R  U  Ş  S  Q  E  C  A
E  L  R  İ  E  I  L  B  O  K  P  R  U  S
A  K  F  S  M  L  H  A  R  E  K  E  T  İ
K  R  L  E  G  G  I  T  T  U  O  O  C  K
A  N  L  A  M  L  I  M  A  P  R  O  V  A
D  E  G  E  L  E  N  E  K  S  E  L  D  H
E  K  L  Ü  T  U  F  P  K  T  O  N  U  U
M  K  Ü  L  T  Ü  R  E  L  V  G  G  Y  V
İ  Ü  P  P  S  A  N  A  T  K  R  L  G  M
I  U  Z  G  Ö  R  S  E  L  A  A  U  U  E
Z  P  H  I  U  I  M  V  T  Z  F  U  Y  R
J  Y  O  D  K  E  L  J  Z  U  İ  G  J  M
```

AKADEMİ	KÜLTÜR
LÜTUF	KÜLTÜREL
ANLAMLI	SANAT
HAREKET	MÜZIK
KOREOGRAFİ	ORTAK
DUYGU	PROVA
NEŞELI	RİTİM
DURUŞ	GELENEKSEL
KLASİK	GÖRSEL
VÜCUT	

53 - Ernährung

```
S B Y Z C K S A Ğ L I K S F
İ A E O V A I O V E A A A E
N H N J L L V I S Z B L Ğ R
D A I L C I I L J Z C O L M
İ R L K Y T L T P E V R I A
R A E K N E A H O T E İ K N
İ T B Q Q T R O I K H G L T
M F I B E S İ N R O S I I A
G S L G H Z D I Y E T İ T S
U A I S Z Q K P Ş E C Z N Y
L P R O T E İ N S T O Z O O
D E N G E L I T I O A E K N
A Ğ I R L I K S S C H H C T
A C I V İ T A M İ N İ V G A
```

IŞTAH	AĞIRLIK
DENGELI	BAHARAT
ACI	KALORİ
DIYET	BESİN
YENILEBILIR	PROTEİN
FERMANTASYON	KALITE
SIVILAR	SOS
LEZZET	TOKSİN
SAĞLIKLI	SINDIRIM
SAĞLIK	VİTAMİNİ

54 - Technologie

```
E  Y  D  D  E  M  V  G  L  D  K  O  İ  B
O  K  U  C  K  E  H  Ü  D  V  A  P  M  S
C  J  R  H  S  S  H  V  F  Z  M  H  L  N
O  H  S  A  B  A  T  E  V  C  E  C  E  A
L  V  Z  H  N  J  B  N  A  E  R  U  Ç  B
E  Q  L  Y  A  Z  I  L  I  M  A  İ  U  I
D  O  S  Y  A  Z  D  I  O  E  H  N  D  L
Z  U  D  S  J  C  H  K  S  G  N  T  A  G
Z  V  İ  R  Ü  S  J  E  T  I  B  E  I  I
P  Q  J  D  U  V  L  A  J  D  A  R  V  S
O  İ  İ  S  A  N  A  L  Z  S  Y  N  E  A
İ  S  T  A  T  İ  S  T  İ  K  T  E  R  Y
A  T  A  R  A  Y  I  C  I  I  V  T  I  A
B  O  L  A  R  A  Ş  T  I  R  M  A  A  R
```

EKRAN	ARAŞTIRMA
BLOG	İNTERNET
TARAYICI	KAMERA
BAYT	MESAJ
BILGISAYAR	GÜVENLIK
İMLEÇ	YAZILIM
DOSYA	İSTATİSTİK
VERI	SANAL
DİJİTAL	VİRÜS

55 - Wasser

```
L D T V R K E N K F Q Z U O
H U O R F L E E C N G J T Q
D R U R K L U H G D U Ş B O
O K Y A N U S I B A G D A Z
N Y M U S O N R U G Y B C T
K A S I R G A E H Y A Z U A
A Ğ M P K V Ö K A N A L E G
R M U Q Z K I L R V A N U R
D U U H D E D A L G A L A R
V R S U L A M A A B U H A R
Q F E E O D G G Ş R U U P I
J N L J V R Y J M B A Z B F
Z J Z Z L G P R A N C F B A
R T R I A F I V C N E M A M
```

SULAMA	KASIRGA
BUHAR	KANAL
DUŞ	MUSON
BUZ	OKYANUS
NEM	YAĞMUR
NEHIR	KAR
SEL	GÖL
DON	BUHARLAŞMA
GAYZER	DALGALAR

56 - Science Fiction

```
K  O  I  D  S  P  G  E  R  Ç  E  K  Ç  İ
İ  İ  L  Ü  T  S  Ö  Ü  T  O  P  Y  A  Y
T  R  M  N  S  S  K  E  H  A  N  E  T  A
A  O  S  Y  J  H  A  Y  A  L  İ  G  R  N
P  B  E  A  A  D  D  G  I  Z  E  M  L  I
L  O  N  Z  T  S  A  B  A  F  J  T  N  L
A  T  A  Y  E  İ  A  N  V  A  V  E  L  S
R  L  R  L  Ş  N  P  L  L  N  Y  K  B  A
K  A  Y  P  B  E  I  K  L  T  A  N  I  M
L  R  O  D  Y  M  M  T  H  A  M  O  A  A
J  U  Z  I  P  A  S  F  D  S  R  L  Ş  M
G  E  Z  E  G  E  N  N  R  T  F  O  I  O
P  A  T  L  A  M  A  L  V  I  G  J  R  Q
F  Ü  T  Ü  R  I  S  T  I  K  Q  I  I  F
```

KİTAPLAR	HAYALİ
KİMYASALLAR	SİNEMA
PATLAMA	KEHANET
AŞIRI	GEZEGEN
FANTASTIK	GERÇEKÇİ
ATEŞ	ROBOTLAR
FÜTÜRISTIK	SENARYO
GÖKADA	TEKNOLOJI
GIZEMLI	ÜTOPYA
YANILSAMA	DÜNYA

57 - Haustiere

```
V  P  K  A  V  G  Y  J  K  K  Ö  P  E  K
F  A  E  R  M  Y  T  S  U  E  J  T  P  Ö
G  P  R  Q  M  B  V  V  Y  D  P  P  E  P
R  A  T  E  Z  C  K  R  R  İ  R  G  N  E
Y  Ğ  E  B  K  K  H  V  U  Y  D  J  Ç  K
A  A  N  Q  A  H  E  O  K  A  T  S  E  Y
K  N  K  K  P  L  F  D  S  V  T  U  L  A
A  Y  E  E  L  H  I  S  İ  R  A  F  E  V
G  G  L  Ç  U  O  A  K  H  U  V  A  R  R
B  I  E  I  M  Q  I  M  U  Ş  R  L  U
M  D  I  Y  B  İ  K  N  S  U  A  E  G  S
T  A  S  M  A  N  O  Q  K  T  N  D  G  U
R  Q  Y  I  Ğ  E  Q  Z  A  T  E  E  Y  V
H  C  Z  G  A  K  S  H  N  P  C  R  N  U
```

KERTENKELE	İNEK
GIDA	TASMA
BALIK	FARE
HAMSTER	PAPAĞAN
TAVŞAN	KAPLUMBAĞA
KÖPEK	KUYRUK
KEDİ	SU
KEDİ YAVRUSU	KÖPEK YAVRUSU
YAKA	KEÇI
PENÇELER	

58 - Geburtstag

```
Ö  G  T  P  I  P  T  P  Y  J  E  D  A  N
T  Ğ  A  N  R  Y  C  S  G  P  B  B  R  T
R  I  R  G  K  C  I  T  C  V  S  N  K  E
U  Q  A  E  D  E  Ğ  L  E  N  C  E  A  S
T  H  F  N  N  H  E  D  I  Y  E  K  D  A
C  Ş  M  Ç  B  M  N  T  D  N  G  C  A  Y
T  A  K  V  I  M  E  G  O  N  Q  H  Ş  Z
M  R  A  Q  L  U  J  K  Ğ  B  D  U  L  A
B  K  R  L  G  T  M  U  M  L  A  R  A  M
A  I  T  D  E  L  V  I  U  C  Y  G  R  A
Ö  Z  E  L  L  U  H  V  Ş  G  A  Ü  U  N
K  O  F  P  I  N  E  Ş  E  L  I  N  F  Y
U  E  P  E  K  U  T  L  A  M  A  V  A  C
G  U  K  R  U  Q  U  A  J  Z  N  E  I  Q
```

KUTLAMA	MUMLAR
NEŞELI	KEK
ARKADAŞLAR	ÖĞRENMEK
DOĞMUŞ	ŞARKI
HEDIYE	TARAF
MUTLU	EĞLENCE
YIL	ÖZEL
GENÇ	GÜN
TAKVIM	BILGELIK
KART	ZAMAN

59 - Literatur

```
T  T  A  R  Z  A  O  K  R  İ  T  İ  M  A
B  R  C  B  S  A  D  A  O  O  Z  S  V  N
İ  Y  A  Z  A  R  Y  F  H  D  M  S  U  A
Y  M  N  J  T  A  N  I  M  İ  G  A  S  L
O  E  E  N  E  O  Q  Y  G  Y  Y  N  N  O
G  C  K  U  A  D  Q  E  K  A  S  A  H  J
R  A  D  C  U  B  İ  S  D  L  G  L  B  İ
A  Z  O  M  I  Ş  I  I  R  O  N  I  G  H
F  Q  T  U  Y  S  İ  I  N  G  P  Z  T  A
İ  V  B  H  H  O  Q  İ  I  U  F  U  E  J
H  I  Y  U  C  N  Z  V  R  F  F  C  M  F
C  L  Y  G  K  U  R  G  U  S  D  G  A  A
M  Q  K  I  U  Ç  K  M  E  K  E  J  I  H
A  N  L  A  T  I  C  I  Z  T  Z  L  P  G
```

ANALOJİ	MECAZ
ANALIZ	ŞİİRSEL
ANEKDOT	KAFIYE
YAZAR	RİTİM
TANIM	ROMAN
BİYOGRAFİ	SONUÇ
DİYALOG	TARZ
ANLATICI	TEMA
KURGU	TRAJEDİ
ŞIIR	

60 - Wandern

```
U R T C Q O U T M J S Q A S
J Ç S E L U H O T N D D R C
D B U U H A R İ T A L R J K
H P A R K L A R C J T L U H
A A B C U M İ E U A M I G T
V U Y P E M Y K K Y V K J O
A R T V A H Ş İ E U A L Q P
L K A I A Z Q P M L T I M L
L C Q G Ü N E Ş E Z E M Z A
M D A Ğ Z L L V Z F Y R L N
E O R Y A N T A S Y O N Y T
A Ğ I R I J Y O R G U N Z I
H A Z I R L I K T A Ş L A R
B Q C U H K U M I F A Q U I
```

DAĞ	PARKLAR
TEHLİKELER	AĞIR
TOPLANTI	GÜNEŞ
HARİTA	TAŞLAR
IKLIM	HAYVANLAR
UÇURUM	HAZIRLIK
YORGUN	SU
DOĞA	HAVA
ORYANTASYON	VAHŞİ

61 - Länder #2

```
L  Q  G  N  P  A  K  I  S  T  A  N  J  U
B  S  P  V  S  U  D  A  N  V  R  I  A  K
R  U  S  Y  A  U  Q  Q  E  V  N  İ  P  R
H  A  İ  T  İ  P  R  R  T  P  A  R  O  A
L  U  G  A  N  D  A  İ  İ  T  V  L  N  Y
R  İ  F  B  O  Q  H  D  Y  N  U  A  Y  N
V  G  B  M  H  C  P  N  O  E  T  N  A  A
C  P  S  E  Q  L  J  A  P  P  L  D  Q  N
F  A  K  K  R  Y  A  E  Y  A  U  A  A  İ
R  M  K  S  H  Y  M  K  A  L  K  L  O  J
A  B  L  İ  S  J  A  V  E  M  A  A  N  E
N  E  D  K  M  S  İ  Y  U  N  O  O  L  R
S  G  H  A  Z  H  K  I  E  C  Y  S  S  Y
A  P  K  Y  U  N  A  N  I  S  T  A  N  A
```

ARNAVUTLUK	LİBERYA
ETİYOPYA	MEKSİKA
FRANSA	NEPAL
YUNANISTAN	NİJERYA
HAİTİ	PAKISTAN
İRLANDA	RUSYA
JAMAİKA	SUDAN
JAPONYA	SURİYE
KENYA	UGANDA
LAOS	UKRAYNA

62 - Fahrzeuge

```
R  L  O  E  Y  L  Z  I  B  Z  I  B  I  T
M  O  V  A  N  Z  N  E  O  O  Z  F  D  R
D  L  K  P  O  R  M  D  T  A  K  S  İ  A
E  A  F  E  R  İ  B  O  T  G  S  J  G  K
N  S  K  L  T  K  B  U  T  J  S  A  L  T
İ  T  A  B  C  F  M  A  T  O  C  O  S  Ö
Z  İ  M  I  E  P  K  M  E  T  R  O  A  R
A  K  Y  S  J  A  G  B  A  R  A  B  A  N
L  L  O  I  Z  E  Y  U  C  E  N  S  Z  R
T  E  N  K  T  T  Y  L  Ç  N  Q  B  J  T
I  R  C  L  K  Z  O  A  N  A  K  M  K  G
E  L  K  E  R  V  A  N  Y  A  K  I  S  I
Z  L  O  T  O  B  Ü  S  L  A  P  C  F  M
H  E  L  İ  K  O  P  T  E  R  I  J  N  V
```

ARABA	MOTOR
BOT	ROKET
OTOBÜS	LASTİKLER
BISIKLET	TAKSİ
FERİBOT	TRAKTÖR
SAL	METRO
UÇAK	DENİZALTI
HELİKOPTER	VAN
AMBULANS	KERVAN
KAMYON	TREN

63 - Badezimmer

```
B  N  F  N  D  K  K  Y  J  Z  E  Z  K  U
K  O  I  D  R  E  İ  D  O  M  B  F  B  S
H  R  B  S  Y  Q  L  F  D  D  H  A  S  B
A  H  J  A  Ü  T  İ  T  A  B  E  N  B  U
V  N  A  B  Y  N  M  A  K  A  S  E  V  H
L  V  O  U  Q  G  G  Z  S  Z  A  G  E  A
U  O  U  N  H  I  Z  E  R  Y  D  Q  A  R
P  Z  S  I  P  K  P  A  R  F  Ü  M  D  T
K  V  M  Y  M  U  S  L  U  K  V  Y  K  R
V  Z  E  B  O  I  Z  U  D  H  A  S  J  N
A  Y  N  A  P  N  J  Ş  A  M  P  U  A  N
Y  A  M  G  K  D  P  G  P  B  S  J  R  C
P  H  C  H  T  U  V  A  L  E  T  G  I  S
L  A  M  C  G  Ş  B  A  N  Y  O  V  S  C
```

BANYO
BUHAR
DUŞ
HAVLU
LOSYON
PARFÜM
MAKAS
SÜNGER

SABUN
ŞAMPUAN
AYNA
KİLİM
TUVALET
SU
MUSLUK

64 - Musikinstrumente

```
T R N O S R N P G Z U R V M
R C Q P A U K İ Ç V T E Q A
O Q F B K R H Y K E M A N N
M O V N S T D A V U L F U D
P S C M A M E N Z G R L B O
E C J Z F O T O K Y G Ü O L
T D B M O B Z E C C F T I İ
G V A A N U P N F A G O T N
İ U N R G A E Z Q F K G C P
T R Ç İ N E K L A R N E T C
A M O M A A T R O M B O N R
R A D B A R P C K F V H B N
A V H A G O N G M L E F S U
P K T S K S E A Z L F L D T
```

BANÇO	PİYANO
ÇELLO	MANDOLİN
BAGET	MARİMBA
FAGOT	OBUA
FLÜT	TROMBON
KEMAN	SAKSAFON
GİTAR	VURMA
GONG	TEF
ARP	DAVUL
KLARNET	TROMPET

65 - Blumen

```
D R G Ü L Q R P F O Ç E K M
P I C H A Ş H A Ş R A B A A
F M P O V P V P F K R E R N
Z V L F A A V A E İ K G A O
T A U U N P F T L D I Ü H L
S B M Y T L R Y P E F M İ Y
G V E B A I A A T K E E N A
A Ş R Z A M E L V E L C D T
R A I S L K L U E L E İ İ G
D K A Y Ç İ Ç E Ğ İ K J B T
E A Y A P R A K Y O N C A E
N Y A S E M İ N Z L Q V U F
Y I T F Y P B D K M A Q M D
A K U I B M P B J B U K E T
```

YAPRAK

GARDENYA

PAPATYA

EBEGÜMECİ

YASEMİN

YONCA

LAVANTA

LEYLAK

ZAMBAK

KARAHİNDİBA

MANOLYA

HAŞHAŞ

ORKİDE

ÇARKIFELEK

ŞAKAYIK

PLUMERIA

GÜL

AYÇİÇEĞİ

BUKET

LALE

66 - Natur

```
G  T  R  O  P  İ  K  A  L  S  N  E  H  B
L  Ü  Z  T  S  M  H  G  I  B  İ  S  U  U
H  D  Z  A  B  A  R  I  N  A  K  S  Z  Z
D  A  S  E  R  Ç  R  Y  O  E  A  A  U  U
A  F  Y  E  L  Ö  S  J  R  I  B  K  R  L
Ğ  V  E  V  C  L  Z  R  M  D  U  İ  L  N
L  V  Ş  H  A  B  I  M  A  N  L  N  U  E
A  A  İ  A  D  N  A  K  N  P  U  Y  R  H
R  H  L  Y  İ  Y  L  A  R  K  T  I  K  I
K  Ş  L  A  N  Q  Q  A  I  G  L  Z  E  R
N  İ  İ  T  A  D  H  A  R  L  A  R  G  Z
V  E  K  İ  M  E  N  L  M  Z  R  D  M  J
I  S  Y  S  İ  E  R  O  Z  Y  O  N  A  S
J  D  C  A  K  A  K  M  E  K  E  Y  L  C
```

ARKTIK	YEŞİLLİK
DAĞLAR	HAYATİ
ARLAR	SİS
DİNAMİK	GÜZELLIK
EROZYON	HAYVANLAR
NEHIR	TROPİKAL
HUZURLU	ORMAN
BUZUL	VAHŞİ
BARINAK	BULUTLAR
SAKİN	ÇÖL

67 - Urlaub #2

```
Y  P  K  R  T  P  G  F  P  A  Q  H  B  F
T  A  Ş  I  M  A  C  I  L  I  K  E  C  O
A  D  B  N  J  D  V  D  A  N  P  D  B  T
K  Ç  E  A  C  A  T  İ  J  I  A  E  O  O
S  L  A  N  N  F  V  İ  Z  E  S  F  Ş  Ğ
İ  S  O  D  I  C  G  P  S  I  A  G  J  R
K  V  V  A  I  Z  I  H  O  Z  P  K  D  A
C  R  K  Ğ  J  R  S  A  P  G  O  T  U  F
U  V  Y  L  B  M  V  R  O  A  R  R  C  L
C  L  H  A  C  M  Q  İ  D  O  T  E  L  A
M  V  A  R  R  E  S  T  O  R  A  N  D  R
S  E  Y  A  H  A  T  A  O  P  Y  Y  L  G
H  A  V  A  L  İ  M  A  N  I  Q  H  B  U
T  D  L  Q  E  V  A  A  O  C  N  T  R  Z
```

YABANCI	SEYAHAT
DAĞLAR	RESTORAN
HAVALİMANI	PLAJ
FOTOĞRAFLAR	TAKSİ
BOŞ	TAŞIMACILIK
OTEL	VİZE
ADA	ÇADIR
HARİTA	HEDEF
DENIZ	TREN
PASAPORT	

68 - Zirkus

```
Q A U Z U B A L O N L A R M
S H I L E L L Z S S S O U A
V İ A H M Ç A D I R I H Q Y
Q S H Y Y R Y D R S H V Q M
K E L İ V B J C T T I M P U
A Y P H R A G F J A R U R N
S I B Z O B N I H L O H N M
L R I D I K A L K O S T Ü M
A C M N H G K Z A I O E Y Ü
N I A K R O B A T R B Ş I Z
K A P L A N Z U B İ L E T I
G Ö S T E R M E K A F M E K
P A L Y A Ç O J J I Z M D R
Z F P U I R N U A H G J R D
```

MAYMUN	MÜZIK
AKROBAT	ALAY
BALONLAR	MUHTEŞEM
PALYAÇO	HAYVANLAR
FIL	KAPLAN
BİLET	HILE
HOKKABAZ	SİHİRBAZ
KOSTÜM	GÖSTERMEK
ASLAN	ÇADIR
SIHIR	SEYIRCI

69 - Barbecues

```
T  C  B  A  Ç  A  M  Ü  Z  I  K  B  J  N
Y  A  S  I  Z  A  M  E  V  I  I  I  T  I
V  R  J  L  R  U  T  F  Y  B  L  Ç  E  G
P  K  J  E  T  U  Z  A  E  V  G  A  A  P
U  A  S  O  Ğ  A  N  Q  L  Q  E  K  J  F
D  D  I  Z  S  U  D  H  Q  L  D  E  D  O
S  A  L  A  T  A  L  A  R  O  A  P  A  S
B  Ş  V  Y  A  Z  S  E  C  Y  G  R  Ç  O
I  L  N  E  S  I  C  A  K  U  R  C  L  S
B  A  K  O  T  B  U  H  A  N  P  R  I  Y
E  R  B  D  A  V  I  O  Y  L  A  Y  K  B
R  U  E  K  V  B  I  Z  G  A  R  A  Q  A
S  Ç  O  C  U  K  L  A  R  R  O  O  F  H
P  R  P  I  K  S  E  B  Z  E  L  E  R  M
```

DAVET	ÇOCUKLAR
AILE	BIÇAK
ARKADAŞLAR	MÜZIK
MEYVE	BIBER
ÇATALLAR	SALATALAR
SEBZELER	TUZ
IZGARA	YAZ
SICAK	SOS
TAVUK	OYUNLAR
AÇLIK	SOĞAN

70 - Küche

```
F  C  K  O  D  K  P  D  M  U  K  G  I  Ö
I  Z  G  A  R  A  O  T  Z  C  A  M  L  N
R  P  E  Ç  E  T  E  M  Q  U  Ş  I  U  L
I  J  R  P  D  M  A  I  J  G  I  D  A  Ü
N  D  T  E  U  B  B  S  B  Q  K  I  O  K
S  D  O  K  N  N  I  B  P  J  C  Y  E  Q
S  Ü  G  N  F  T  V  M  M  D  A  K  D  I
C  C  N  N  D  B  U  Z  D  O  L  A  B  I
J  D  P  G  N  U  K  A  Z  A  N  V  A  U
D  O  Y  V  E  B  R  M  D  F  U  A  H  P
P  P  Y  H  T  R  F  U  C  C  N  N  A  E
Ç  A  T  A  L  L  A  R  C  Y  H  O  R  K
B  I  Ç  A  K  E  P  Ç  E  U  O  Z  A  A
B  A  R  D  A  K  N  U  O  T  A  S  T  V
```

GIDA	BIÇAK
ÇATALLAR	FIRIN
DONDURUCU	ÖNLÜK
BAHARAT	TAS
IZGARA	SÜNGER
KEPÇE	PEÇETE
KAVANOZ	BARDAK
BUZDOLABI	KAZAN
KAŞIK	

71 - Schach

```
Ç  D  K  K  O  Y  U  N  C  U  S  P  F  B
A  A  I  C  Y  F  F  E  T  K  T  T  R  K
F  Z  P  K  U  S  G  Q  U  F  R  N  Y  S
H  S  A  R  N  T  H  B  R  Q  A  S  E  Q
C  K  S  A  A  Ü  P  A  N  U  T  T  N  K
H  U  I  L  A  Z  V  O  U  A  E  P  G  R
P  R  F  O  Q  Ü  Ö  O  V  N  J  Z  S  A
R  B  O  B  V  K  U  Ğ  A  O  İ  A  H  L
Y  A  R  I  Ş  M  A  J  R  B  T  M  M  I
P  N  K  A  C  L  O  E  P  E  F  A  S  Ç
S  U  R  I  O  G  Z  E  N  Y  N  N  K  E
N  Ş  A  M  P  İ  Y  O  N  A  N  M  U  H
S  I  Y  A  H  J  D  A  B  Z  N  I  E  B
R  Q  E  S  D  H  V  Z  B  O  H  Q  F  K
```

ŞAMPİYON
ÇAPRAZ
RAKIP
KRAL
KRALİÇE
ÖĞRENMEK
KURBAN
PASİF
TÜZÜK

SIYAH
OYUN
OYUNCU
STRATEJİ
TURNUVA
BEYAZ
YARIŞMA
ZAMAN

72 - Geographie

```
K  U  Z  E  Y  Q  A  R  H  K  Z  P  V  T
D  Z  O  E  N  Ü  D  A  Y  I  J  H  H  M
E  B  L  P  K  L  A  K  H  T  Z  V  P  N
T  K  K  S  E  K  E  I  F  A  H  I  I  Z
F  C  V  V  N  E  C  M  Y  J  U  A  I  U
Y  Q  J  A  T  L  A  S  B  Ö  L  G  E  Q
A  S  Y  R  T  G  A  K  A  O  A  J  G  U
R  T  H  Y  H  O  E  C  T  O  Y  P  C  P
I  K  N  E  H  I  R  S  I  K  D  L  H  E
M  M  E  R  İ  D  Y  E  N  Y  B  D  A  Ğ
K  J  J  I  F  E  P  V  E  A  E  Ü  R  M
Ü  S  N  H  C  N  Q  J  H  N  D  N  İ  B
R  G  G  K  K  I  K  Q  M  U  L  Y  T  M
E  S  J  U  Z  Z  O  Z  V  S  Z  A  A  J
```

ATLAS
EKVATOR
DAĞ
ENLEM
NEHIR
YARIMKÜRE
RAKIM
ADA
HARİTA
KITA

ÜLKE
BOYLAM
DENIZ
MERİDYEN
KUZEY
OKYANUS
BÖLGE
KENT
DÜNYA
BATI

73 - Zahlen

```
A Y I T V V O I O B I R 2 O
M L İ S I F I R N N P E B N
O N T R G G A R Y F A E G I
N V A I M D L Q E E L L L K
D Ö R T Y İ P C D J Z S T I
O N D Ö R T M Y I Y Q K D I
K K R B E Ş R V O E K Y M G
U O N Ü Ç P M U C D O K U Z
Z Q U Ç I U H T V İ Q U S V
P Q O N D O N D A L I K E M
U T O B A Y P T L H G G K R
O Q B E T B A J E H D I İ G
J B R M T V T F O V P U Z M
S L Z E Z F Z O N S E K I Z
```

SEKİZ	ALTI
ONSEKIZ	ON ALTI
ONDALIK	YEDİ
ÜÇ	ON YEDI
ON ÜÇ	DÖRT
BIR	ON DÖRT
BEŞ	ON
DOKUZ	YİRMİ
ON DOKUZ	ON IKI
SIFIR	

74 - Urlaub #1

```
G C H U Ç A K D A K H J K Ş
B Ö E R R B M G M G A A E
D A L C S A T İ M N S P L M
A P V T O B L V L E I A K S
R B U U Z A S E F E R R I İ
R N E R L P Y H B G T A Ş Y
A E C I T U B E L Ü Ç B I E
H N D S S G Z L P Z A İ Q C
A Q C T L Z B G B E N R B A
T R A M V A Y L B R T İ C H
L J I Ü P J B B A G A M D G
A F C Z K A I F L A S İ H M
M I L E R P B P H H I O G D
A G Ü M R Ü K T D U G F H B
```

KALKIŞ	ŞEMSİYE
ARABA	GÜZERGAH
RAHATLAMA	SIRT ÇANTASI
SEFER	GÖL
BİLET	TRAMVAY
UÇAK	TURIST
BAVUL	PARA BİRİMİ
MÜZE	GÜMRÜK

75 - Kunst Liefert

```
Y  A  Ğ  I  M  F  İ  K  İ  R  L  E  R  S
B  K  Z  L  Ü  F  B  G  C  V  A  T  Z  R
N  R  F  I  R  Ç  A  L  A  R  M  A  N  B
J  İ  E  E  E  S  A  N  D  A  L  Y  E  E
D  L  Y  N  K  K  Â  Ğ  I  T  G  A  P  P
D  İ  S  M  K  B  I  U  Z  R  B  R  S  F
H  K  Z  L  E  N  P  L  T  M  N  A  C  M
G  P  T  H  P  I  S  D  U  I  Z  T  N  Z
K  A  L  E  M  L  E  R  T  M  K  I  J  E
S  B  K  B  D  I  Y  P  K  N  A  C  F  K
U  İ  Ş  Ö  V  A  L  E  A  N  M  I  P  B
K  D  L  M  A  S  A  G  L  J  E  L  K  B
U  R  Q  G  R  I  O  E  E  M  R  I  B  V
D  B  F  O  İ  J  R  U  H  Z  A  K  L  Q
```

AKRİLİK	KÂĞIT
KALEMLER	SİLGİ
FIRÇALAR	ŞÖVALE
RENK	SANDALYE
FİKİRLER	MASA
KAMERA	MÜREKKEP
YARATICILIK	KIL
TUTKAL	SU
YAĞ	

76 - Tage und Monate

```
E  Y  L  Ü  L  P  A  Z  A  R  T  E  S  I
K  K  O  J  T  R  S  U  I  K  U  J  M  T
P  O  Ş  F  C  U  M  A  R  T  E  S  I  E
A  Ğ  U  S  T  O  S  Y  L  E  E  K  I  M
Z  R  B  V  A  C  K  A  A  I  O  A  K  M
A  R  A  N  K  A  P  Ç  C  B  Y  S  D  U
R  L  T  L  V  K  H  A  E  J  K  I  J  Z
F  T  D  I  I  Q  E  R  Q  D  V  M  L  Y
Q  T  L  J  M  K  F  Ş  V  V  H  G  H  N
J  Q  U  I  R  E  D  A  C  U  M  A  A  Z
H  A  Z  I  R  A  N  M  E  Z  Z  H  F  Z
P  F  U  O  B  K  Z  B  A  V  G  K  T  L
E  P  O  H  Y  I  N  A  K  O  Q  Z  A  N
G  M  F  O  P  E  R  Ş  E  M  B  E  T  Y
```

AĞUSTOS	TAKVIM
ARALIK	ÇARŞAMBA
SALI	AY
PERŞEMBE	PAZARTESI
ŞUBAT	KASIM
CUMA	EKIM
YIL	CUMARTESI
OCAK	EYLÜL
TEMMUZ	PAZAR
HAZIRAN	HAFTA

77 - Piraten

```
K  I  L  I  Ç  E  L  K  V  T  Z  L  H  P
Y  A  R  A  İ  Z  İ  B  P  E  H  Y  A  P
P  U  O  M  G  K  V  Y  T  H  A  S  R  H
P  Q  M  E  F  S  A  N  E  L  Z  M  İ  O
P  J  P  A  P  A  Ğ  A  N  I  I  Ü  T  J
O  M  L  U  C  Q  C  A  H  K  N  R  A  Y
L  F  A  C  U  E  T  J  D  E  E  E  P  O
Ç  S  J  Ğ  P  S  R  I  P  S  R  T  R  A
K  A  P  T  A  N  U  A  M  N  O  T  K  D
G  D  P  N  G  R  A  L  T  I  N  E  Ö  A
G  D  B  A  Y  R  A  K  O  Z  P  B  T  B
S  İ  K  K  E  M  P  U  S  U  L  A  Ü  D
R  C  K  Y  N  E  V  Z  L  I  I  T  S  G
Y  O  Y  Y  I  T  C  Y  O  B  P  Y  F  M
```

MACERA	PUSULA
ÇAPA	EFSANE
MÜRETTEBAT	SİKKE
BAYRAK	YARA İZİ
TEHLIKE	PAPAĞAN
ALTIN	ROM
MAĞARA	HAZINE
ADA	KÖTÜ
KAPTAN	KILIÇ
HARİTA	PLAJ

78 - Emotionen

```
H  U  Z  U  R  Q  Ö  K  I  J  C  R  G  C
A  Z  C  F  T  Q  P  F  J  N  G  K  A  U
S  I  K  I  N  T  I  L  K  O  M  C  T  E
S  N  I  O  M  T  U  O  M  E  M  N  U  N
A  E  B  C  A  E  B  S  M  K  F  L  T  I
S  Z  H  S  J  G  M  A  Ş  K  O  R  K  U
İ  A  S  E  A  T  M  K  R  A  H  A  T  A
Y  K  E  M  Y  K  R  I  L  I  L  K  A  Y
E  E  V  P  Ü  E  Z  N  Z  F  Ş  I  C  P
T  T  İ  A  Z  D  C  S  Ü  R  P  R  İ  Z
C  T  N  T  Ü  E  D  A  M  M  H  M  F  M
D  I  Ç  İ  N  M  I  N  N  E  T  T  A  R
R  A  H  A  T  L  A  M  A  L  G  H  Y  D
T  T  R  I  Ü  E  U  E  V  L  I  C  H  S
```

KORKU	RAHATLAMA
HEYECANLI	HUZUR
MINNETTAR	SAKIN
RAHAT	SEMPATİ
SEVİNÇ	ÜZÜNTÜ
NEZAKET	SÜRPRİZ
BARIŞ	ÖFKE
SIKINTI	HASSASİYET
AŞK	MEMNUN

79 - Zu Füllen

```
S  U  D  Z  B  M  Q  K  Z  E  U  K  K  B
G  E  Y  T  E  K  A  R  T  O  N  A  U  A
O  M  P  A  K  E  T  I  E  H  K  V  T  V
A  P  P  E  T  C  E  N  P  Ç  Ü  A  U  U
T  D  Y  C  T  Y  E  M  S  E  V  N  U  L
J  Ü  E  Z  Ç  H  S  M  I  K  E  O  F  T
M  Ş  P  K  L  A  S  Ö  R  M  T  Z  S  M
F  I  Ç  I  G  V  N  U  H  E  V  A  Z  O
B  Ş  B  G  L  Z  U  T  N  C  A  R  T  U
C  E  I  H  O  A  V  H  A  E  U  F  Y  D
Q  N  M  R  J  S  A  N  D  I  K  Y  Y  Q
C  I  F  J  K  E  K  L  Z  J  O  N  P  O
H  E  B  P  R  P  I  I  U  R  V  D  A  U
J  M  L  E  O  B  E  U  U  R  A  Y  H  H
```

HAVZA	KLASÖR
KUTU	PAKET
KOVA	TÜP
FIÇI	ÇEKMECE
ŞİŞE	TEPSI
KARTON	ÇANTA
SANDIK	ZARF
BAVUL	VAZO
SEPET	KÜVET
KAVANOZ	

80 - Surfen

```
E  H  I  Z  H  H  V  N  I  C  V  D  E  E
Ğ  A  Y  F  P  I  P  H  K  U  E  A  D  Q
L  V  U  R  O  L  Z  Y  C  A  T  L  E  T
E  A  K  Ö  P  Ü  K  S  Ç  Ş  N  G  I  J
N  R  U  C  Ü  U  K  P  L  A  J  A  A  J
C  D  V  G  L  B  F  R  E  M  F  N  Y  H
E  O  V  J  E  Q  G  E  V  P  O  B  F  C
H  Y  E  H  R  V  D  Y  Q  İ  S  A  A  F
H  R  T  L  A  E  P  O  K  Y  A  N  U  S
F  S  A  M  Ş  M  S  V  T  O  C  S  Y  E
M  T  R  C  I  O  Z  İ  F  N  E  D  N  P
F  Q  Z  J  R  D  Y  U  F  E  M  R  R  I
L  E  F  I  I  B  E  Y  E  U  I  V  B  J
D  L  N  N  B  K  O  S  Z  V  D  L  B  D
```

ACEMI   KÖPÜK
ATLET   EĞLENCE
POPÜLER   SPREY
ŞAMPİYON   KUVVET
AŞIRI   TARZ
HIZ   PLAJ
MIDE   DALGA
OKYANUS   HAVA
RESİF

81 - Möbel

```
B G A D S P T L S G Q K F F
A H S O B O P A U V O O P M
Y A S T I K Y M D G B L C F
A P L T V A J B A N K T F S
T E L A J N K A C E İ U J H
A R M P R E J İ Z M L K M A
K D C O S P J C T K İ J A M
V E G I A E F E F A M S S A
D L B K N L A U U T P G A K
Q E E B D U Y D L E R L Q F
R R U U A F N V Z H K E I F
G H O F L T A R A F L A R K
R O R E Y C H P H S C L R K
Ş İ L T E B N J D I A F V U
```

BANK
YATAK
KİTAPLIK
KANEPE
ŞİLTE
HAMAK
YASTIK
LAMBA

RAFLAR
MASA
KOLTUK
AYNA
SANDALYE
KİLİM
PERDELER

82 - Kräuterkunde

```
B  I  A  R  G  D  N  T  I  V  E  R  G  Z
O  Ç  V  A  R  O  M  A  T  İ  K  P  B  A
H  E  K  J  U  S  H  G  T  Z  E  D  H  U
Ç  R  P  K  J  P  S  P  K  L  U  F  B  O
L  I  F  A  Y  D  A  L  I  E  K  O  J  H
E  K  Ç  F  M  E  R  C  A  N  K  Ö  Ş  K
Z  A  B  E  R  F  I  V  F  P  D  İ  N  H
Z  L  İ  S  K  Q  M  U  T  F  A  K  K  S
E  I  B  L  Q  G  S  L  A  V  A  N  T  A
T  T  E  O  B  A  H  Ç  E  O  Q  R  F
I  E  R  Ğ  J  K  K  T  A  R  H  U  N  R
N  D  İ  E  M  A  Y  D  A  N  O  Z  T  A
F  J  Y  N  R  E  Z  E  N  E  R  G  C  N
G  Y  E  Ş  I  L  D  E  R  E  O  T  U  M
```

AROMATİK	MUTFAK
FESLEĞEN	LAVANTA
ÇİÇEK	MERCANKÖŞK
DEREOTU	MAYDANOZ
TARHUN	KALITE
REZENE	BİBERİYE
BAHÇE	SAFRAN
LEZZET	KEKİK
YEŞIL	FAYDALI
SARIMSAK	IÇERIK

83 - Tugenden #1

```
T  Q  M  Y  B  B  I  L  G  E  M  Y  L  M
N  E  J  M  L  A  P  V  A  G  Ü  R  T  H
D  V  M  F  B  Ğ  R  Q  D  J  T  M  O  İ
U  J  I  I  M  I  A  N  E  A  E  K  L  Y
K  S  T  K  Z  M  T  V  S  F  V  P  U  İ
C  M  P  N  Z  S  I  Y  A  R  A  R  L  I
T  Ö  A  I  Y  I  K  C  K  O  Z  K  G  A
U  H  M  V  U  Z  R  S  I  U  I  C  P  F
T  A  U  E  B  Ü  Y  Ü  L  E  Y  I  C  I
K  S  F  R  R  P  T  J  L  R  S  H  I  L
U  T  A  I  L  T  C  U  I  Z  U  J  M  Z
L  A  G  M  S  A  N  A  T  S  A  L  A  J
U  O  B  L  J  E  M  E  R  A  K  L  I  N
S  J  H  I  G  Ü  V  E  N  I  L  I  R  R
```

MÜTEVAZI	SANATSAL
BÜYÜLEYICI	TUTKULU
VERIMLI	MERAKLI
HASTA	PRATIK
CÖMERT	TEMIZ
İYİ	BAĞIMSIZ
YARARLI	BILGE
AKILLI	GÜVENILIR

84 - Aktivitäten und Freizeit

```
S G L V O L E Y B O L G O S
Y O T T B A S K E T B O L A
B L S E Y A H A T E T M E K
A F F H N N L F U T B O L T
H O B İ L E R I B M Q V S E
Ç S Y K B R B Z K O O A A N
I M Ö S H Y O U S Ç K K N İ
V B E R M T Y E Z Z I S A S
A E C P F D A L I Ş S L T M
N Y Ü Z M E M O S J F E I M
L Z O Q C I A A S H N U U K
I B R A H A T L A T I C I N
K O U P Y Ü R Ü Y Ü Ş O Q R
H L Q O L Y M S V S K U Y H
```

BALIKÇILIK
BEYZBOL
BASKETBOL
BOKS
RAHATLATICI
FUTBOL
BAHÇIVANLIK
BOYAMA
GOLF

HOBİLER
SANAT
SEYAHAT ETMEK
YÜZME
SÖRF
DALIŞ
TENİS
VOLEYBOL
YÜRÜYÜŞ

85 - Formen

```
K V P G S E H B J M C D D U
Ö N Q İ K O N İ N S J O Y I
Ş Q Q O R V A Z E M I U U P
E L İ P S A Y A N H M R V P
Ü Ç G E N L M K Z Y Q V A T
R S İ L İ N D İ R E Z H R R
K E N A R L A R T Ğ I N L B
G T T R R A Ç M J R D L A Y
P R İ Z M A N O R I A T K K
V J K P E A D N K U I A K R
N F Y D C Z B R A G R R Ü E
H İ P E R B O L R L E K P Q
D I K D Ö R T G E N K N T P
G H Q S B D G I A K M J U V
```

ARK
ÜÇGEN
KÖŞE
ELİPS
HİPERBOL
KENARLAR
KONİ
DAIRE
EĞRI
SIRA

OVAL
ÇOKGEN
PRİZMA
PİRAMİT
KARE
DIKDÖRTGEN
YUVARLAK
YAN
KÜP
SİLİNDİR

86 - Adjektive #2

```
R A D O T A N T I K Q K Z D
M M H C Y U G Ü Ç L Ü D A R
F A N N I S Z N C L T O R A
A F S E L T M L G R M Ğ I M
Q Ç E C S U P Ü U U A A F A
N Ü I Z A U S O R U M L U T
O R A K Ğ P B T U K Y D P İ
R E Y Ç L C O A R R K T V K
M T C Q I A M Z L Y E N I M
A K V C K M Y E U V A H Ş İ
L E B R L C U I A P B Q O D
Y N R B I J K E C N C P K G
E N T E R E S A N I U N F Y
Y E N I L E B I L I R V Z R
```

OTANTIK
ÜNLÜ
AÇIKLAYICI
DRAMATİK
ZARIF
YENILEBILIR
TAZE
SAĞLIKLI
AÇ
ENTERESAN

DOĞAL
YENI
NORMAL
ÜRETKEN
TUZLU
GÜÇLÜ
GURURLU
SORUMLU
VAHŞİ

87 - Kleidung

```
E P Z M D A C D O I K A G Y
Ş A P K A Y E E H B O Q L E
G N R R C A K Ş K M T G P C
Ö T İ K C K E A N İ T A K I
M O D A A K T R Y B U R G C
L L V P A A U P K O L Y E C
E O J T B B L U Z S M A B I
K N E L D İ V E N L E R Y U
A M J O N E L B İ S E Y G K
P İ J A M A İ E L C E A K Ö
S A N D A L E T Z Q İ C E N
K E K U K T S E K I Y P M L
C J B I D E T K G A K T E Ü
I A J I Z T O K A Z A K R K
```

BILEZIK
BLUZ
KEMER
KOLYE
ELDIVENLER
GÖMLEK
PANTOLON
ŞAPKA
CEKET
KOT

ELBISE
MODA
KAZAK
ETEK
SANDALET
EŞARP
PİJAMA
TAKI
AYAKKABI
ÖNLÜK

88 - Sommer

```
T  H  M  S  F  O  U  G  O  F  Y  S  S  T
Z  O  R  Ü  U  N  L  P  I  G  U  A  E  A
S  M  A  O  Z  M  C  R  P  D  J  N  Y  T
P  N  H  T  B  I  Q  B  S  A  A  D  A  I
P  L  A  J  B  O  K  O  E  L  I  A  H  L
C  S  T  V  I  V  Y  Ş  V  I  L  L  A  K
U  K  L  P  G  V  H  U  İ  Ş  E  E  T  İ
J  C  A  A  I  K  H  M  N  L  M  T  E  T
I  F  M  M  F  Y  S  K  Ç  L  G  R  T  A
M  D  A  R  K  A  D  A  Ş  L  A  R  M  P
B  A  H  Ç  E  P  E  S  Y  Z  Y  R  E  L
P  G  T  E  I  T  N  S  L  D  Z  I  K  A
P  Y  M  U  Z  K  I  H  Q  Q  V  S  P  R
F  O  E  G  O  O  Z  N  B  L  V  Y  C  Z
```

KİTAPLAR	DENIZ
RAHATLAMA	MÜZIK
GIDA	SEYAHAT ETMEK
AILE	SANDALET
BOŞ	OYUNLAR
SEVİNÇ	PLAJ
ARKADAŞLAR	DALIŞ
BAHÇE	TATIL

89 - Farben

```
E N T P E L S E O F E K S C
J F K E K P E M B E U F B A
K F J G I L P O S E Q C M M
I Y C H R H Y R Y S Y K Y G
T J V Q M I A R L L T A U Ö
P L I T I C C B N F C H Z B
O P Q H Z Y B R P I S V K E
F N S A I S E I T D J E M Ğ
B U S A R I J Z U E B R Y I
Y F Ş C K Y L E R T F E E B
E Y G Y M A V I U B U N Ş A
V M Z B A H V G N V K G I M
M E N E K Ş E J C L A I L I
F D A B I E S L U E O F M V
```

BEJ	TURUNCU
MAVI	PEMBE
KAHVERENGI	KIRMIZI
FUŞYA	SIYAH
SARI	SEPYA
GRI	MENEKŞE
YEŞIL	BEYAZ
MOR	CAMGÖBEĞI

90 - Haus

```
Ş  E  A  K  L  K  Ü  T  Ü  P  H  A  N  E
I  Ö  M  O  B  I  L  Y  A  E  G  J  E  T
O  O  M  D  U  V  A  R  R  N  Z  G  J  P
J  Ç  Ç  İ  V  J  M  A  O  C  O  E  O  U
O  D  A  T  N  V  B  T  U  E  A  R  Z  C
H  U  T  T  G  E  A  G  U  R  O  G  O  L
E  Ş  I  Ç  I  T  S  U  A  E  D  O  O  G
M  R  K  A  Y  N  A  L  Y  R  T  T  C  G
E  B  A  C  A  D  F  R  C  L  A  H  F  D
Y  A  T  A  K  O  D  A  S  I  V  J  T  M
C  H  I  I  A  T  Q  P  I  A  A  D  L  F
P  Ç  Q  U  P  A  K  M  G  U  N  E  H  Y
K  E  G  D  I  M  U  T  F  A  K  R  Z  M
V  E  H  S  Ü  P  Ü  R  G  E  S  Z  I  P
```

SÜPÜRGE	MUTFAK
KÜTÜPHANE	LAMBA
ÇATI	MOBILYA
ÇATI KATI	YATAK ODASI
TAVAN	BACA
DUŞ	AYNA
PENCERE	KAPI
GARAJ	DUVAR
BAHÇE	ÇIT
ŞÖMİNE	ODA

91 - Bauernhof #1

```
L E A U E V P O P L K D V C
O A T L R Ş C H R M Y E I M
Z U M B A J E H U B F Y D S
İ N E K R N Y K H E R A O İ
N O Y P I R I N Ç B S F M O
M U N T O Ç I T A V U K U D
Q G D V G S F O D N I S Z J
B G U F B A L N Y P E R K U
J I Q A U M R E L B T Z E K
E T I J Z A K Ö P E K F Ç E
K A R G A N R J D G B K I Z
Y R S Q Ğ J J R P T Z A N V
P I J J I V Z N G Ü B R E N
K M G L L G R Y C A M A J S
```

ARI	KARGA
GÜBRE	İNEK
EŞEK	KARA
ALAN	TARIM
SAMAN	AT
BAL	PIRINÇ
TAVUK	DOMUZ
KÖPEK	SU
BUZAĞI	ÇIT
KEDİ	KEÇI

92 - Berufe #1

```
K U Y U M C U H M S I Y M V
A V U K A T R A U A F G Ü E
H E M Ş I R E R H N J J Z T
B A N K A C I I A A R P İ E
K O Ç O B S N T S T A İ S R
Q H J T A J T A E Ç C Y Y İ
A D Q E S N T C B I D A E N
S D J S F T L I E S A N N E
T A M I R C I Q C J V İ Q R
R N T S K Z T S I E C S P Y
O S M A A O G L S O I T B H
N Ç E T P S İ K O L O G V A
O I F Ç I D O K T O R N Y O
M J Q I H R Q V P G E E R L
```

DOKTOR
ASTRONOM
BANKACI
MUHASEBECI
JEOLOG
AVCI
KUYUMCU
HARITACI
TESISATÇI
HEMŞIRE

SANATÇI
TAMIRCI
MÜZİSYEN
PİYANİST
PSİKOLOG
AVUKAT
DANSÇI
VETERİNER
KOÇ

93 - Adjektive #1

```
M O T Y G E Ç C F S V Ö K M
A Z O R Ö Z D E Ş I D N U U
Ğ A R O M A T İ K R K E S T
I Y A V A Ş I H O I L M U L
R S M O D E R N C B C L R A
I A G L K P R R A J T I S K
K N Q R A D A H M U T L U Q
E A F A R D E F A H C D Z D
M T D Q A S Ü Ğ N Z P E S L
R S A I N C E R E D T R L I
C A I A L D F F Ü R U I P V
L L O O I O S I K S L N C Q
U A R S K G Ü Z E L T I D G
B M A S U M E T K I N T I O
```

MUTLAK	YAVAŞ
ETKIN	MODERN
AROMATİK	KUSURSUZ
ÇEKICI	KOCAMAN
KARANLIK	GÜZEL
INCE	AĞIR
DÜRÜST	DERIN
MUTLU	MASUM
ÖZDEŞ	DEĞERLI
SANATSAL	ÖNEMLI

94 - Mathematik

```
T O P L A M K O Ş U T G B P
D A N P A Ç I L A R J E N F
U J Z A I N O I Q J P O S O
L B G R M D U K Z T K M P J
O N D A L I K E G Z D E N Q
R K E L Y K F S Ç E G T Ü A
I B N E A D K I Y E N R S R
U Q K L R Ö S R M T V İ B İ
L Q L K I R Ç K A R E R T T
U H E Ç T J A E H U K E M
F V M N A G Y Z P E G K Z E
N R O A P E H A C I M Ü K T
B V K R O N Ü Ç G E N R F İ
I S İ M E T R İ E Z G E Z K
```

ARİTMETİK
KESIR
ONDALIK
ÜÇGEN
ÇAP
ÜS
GEOMETRİ
DENKLEM
KÜRE
KOŞUT

PARALELKENAR
ÇOKGEN
KARE
YARIÇAP
DIKDÖRTGEN
TOPLAM
SİMETRİ
ÇEVRE
HACIM
AÇILAR

95 - Messungen

```
E G L U A K I T L E O O K T
H E I J D V Y M İ F G K İ G
N N L T L Z Ü T T O C K L R
U I E Q V Q K V R B N M O A
R Ş V Z R F S O E O N S M M
M L P L J T E H F N V A E V
N I D A K İ K A Y D R N T Y
M K E E S C L K B A Y T R F
E J R J R Q I L T L B İ E O
T F E Q H I K Q R I H M E K
R U C U Z U N L U K L E M I
E O E A Ğ I R L I K T T H U
K İ L O G R A M I S O R Z A
H A C I M İ N Ç F K N E U O
```

GENIŞLIK
BAYT
ONDALIK
AĞIRLIK
DERECE
GRAM
YÜKSEKLIK
KİLOGRAM
KİLOMETRE
UZUNLUK

LİTRE
KITLE
METRE
DAKİKA
DERINLIK
TON
ONS
HACIM
SANTİMETRE
İNÇ

96 - Schlösser

```
O L H G Q A D L G K H S K E
H Z Z M R T S K J U E A K J
Ş Ö V A L Y E I L L N R R D
F C F N F E K L L E D A A E
G F L C A E N I Y P E Y L R
K A I I H J O Ç R N K K L H
S E A N A O Y D U V A R I A
Q M D I N T T I A Z Z K K A
P U R K E D O J A L Z I Q H
N O P R D P R E N S E S R Z
L I M P A R A T O R L U K H
C N R S N E I A Y F V D A M
Z R U R R N B Ç M P F S L M
N C D K L S K A L K A N E M
```

EJDERHA	AT
HANEDAN	PRENS
ASIL	PRENSES
KALE	IMPARATORLUK
FEODAL	ŞÖVALYE
HENDEK	ZIRH
MANCINIK	KALKAN
KRALLIK	KILIÇ
TAÇ	KULE
SARAY	DUVAR

97 - Bauernhof #2

```
I  Y  V  C  K  Ç  A  Y  I  R  T  D  H  N
S  M  I  U  O  O  B  T  R  A  K  T  Ö  R
A  Q  F  M  Y  B  V  M  M  I  S  I  R  F
E  C  R  N  U  A  O  A  A  F  E  E  D  V
T  E  B  B  N  N  B  I  N  V  B  I  E  H
V  O  Q  U  Ç  L  S  O  I  G  Z  B  K  L
R  L  Y  Ğ  S  I  I  J  T  K  E  A  M  A
C  G  C  D  A  Ü  F  A  H  I  R  H  E  M
S  U  L  A  M  A  T  T  E  E  S  Ç  Y  A
E  N  G  Y  A  R  P  A  Ç  L  C  E  V  Y
H  A  Y  V  A  N  L  A  R  I  S  I  E  S
E  U  K  K  N  N  M  U  P  H  N  D  E  D
A  S  R  Z  K  T  S  N  D  R  N  C  R  Z
O  M  E  A  K  P  U  H  K  U  Z  U  P  D
```

ÇIFTÇI	SÜT
SULAMA	BAHÇE
KOVAN	OLGUN
ÖRDEK	KOYUN
MEYVE	ÇOBAN
SEBZE	AHIR
ARPA	HAYVANLAR
LAMA	TRAKTÖR
KUZU	BUĞDAY
MISIR	ÇAYIR

98 - Berufe #2

```
F  K  Ü  T  Ü  P  H  A  N  E  H  N  N  T
B  İ  Y  O  L  O  G  D  R  V  E  O  E  K
Y  V  L  Q  P  İ  L  O  T  E  H  Z  G  S
O  U  P  O  Y  N  Q  K  B  R  S  A  J  Q
H  L  J  A  Z  H  G  T  S  D  H  S  G  T
F  T  G  P  P  O  U  O  G  I  M  T  A  P
Z  O  O  L  O  G  F  R  K  Ş  M  R  Z  M
D  E  D  E  K  T  İ  F  A  Ç  Ü  O  E  U
C  B  A  H  Ç  I  V  A  N  I  H  N  T  C
Z  E  K  V  C  A  C  Z  U  P  E  O  E  I
H  G  R  Ö  Ğ  R  E  T  M  E  N  T  C  T
A  V  E  R  L  V  P  K  I  P  D  O  I  A
H  K  P  H  A  R  Q  O  B  Ç  I  Z  E  R
H  Y  Y  G  T  H  O  S  V  Q  S  Q  A  O
```

DOKTOR   MÜHENDIS
ASTRONOT   GAZETECI
KÜTÜPHANE   ÖĞRETMEN
BİYOLOG   RESSAM
CERRAH   FİLOZOF
DEDEKTİF   PİLOT
MUCIT   DIŞÇI
BAHÇIVAN   ZOOLOG
ÇIZER

99 - Erforschung

```
T  C  H  Q  T  J  R  M  B  J  K  S  H  K
Q  E  O  E  Y  V  Q  U  T  R  A  E  A  Ü
B  S  H  Ö  Y  S  O  A  S  I  R  Y  Y  L
I  A  E  L  Ğ  E  A  A  D  I  A  A  V  T
L  R  U  Q  İ  R  C  U  I  M  R  H  A  Ü
I  E  Z  M  I  K  E  A  L  U  L  A  N  R
N  T  Z  H  B  M  E  N  N  O  I  T  L  L
M  S  N  Q  E  A  D  L  M  Z  L  E  A  E
E  T  L  C  D  N  H  V  E  E  I  T  R  R
Y  O  R  G  U  N  L  U  K  R  K  M  G  C
E  E  Y  Q  Z  T  Y  Z  E  U  Y  E  M  G
N  H  V  N  A  H  N  A  Ş  V  E  K  J  D
V  H  P  I  Y  R  N  K  I  E  N  D  V  D
E  V  A  H  Ş  İ  E  V  F  C  I  T  K  U
```

HEYECAN	CESARET
KEŞİF	YENI
KARARLILIK	UZAY
YORGUNLUK	SEYAHAT ETMEK
UZAK	DIL
TEHLİKELER	HAYVANLAR
KÜLTÜRLER	BILINMEYEN
ÖĞRENMEK	VAHŞİ

100 - Wetter

```
K U R A K L I K A S I R G A
U U H I M V F O U G N E Ö G
R A T M O S F E R Ö S R K H
U D B U L U T F Y K E G K R
S İ S V P G N D L G L F U Ü
M E Y I K L I M S Ü H L Ş Z
U S I C A K L I K R U H A G
C I L G Ö K Y Ü Z Ü T D Ğ Â
G N D B M U S O N L R M I R
A T I U B Q E T R T O Y M Y
K I R Z U V F S Y Ü P R Y Z
Y F I R T I N A H S İ B T G
R Z M N S J Q H R Ü K R D D
D P S H A D V Y E H B E J V
```

ATMOSFER	SİS
YILDIRIM	KUTUP
ESINTI	GÖKKUŞAĞI
GÖK GÜRÜLTÜSÜ	FIRTINA
KURAKLIK	SICAKLIK
BUZ	KASIRGA
SEL	KURU
GÖKYÜZÜ	TROPİK
IKLIM	RÜZGÂR
MUSON	BULUT

1 - Ozean

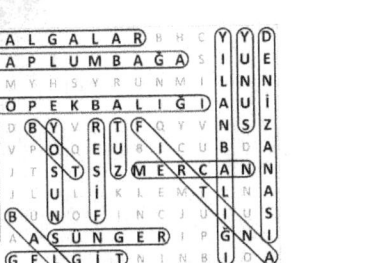

2 - Schule #1

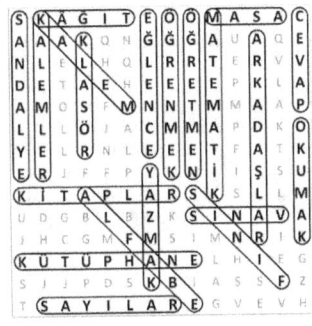

3 - Meditation

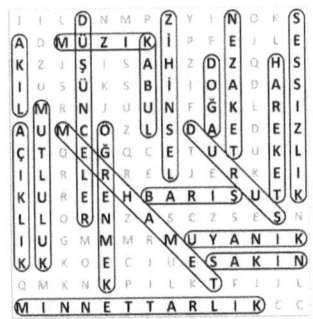

4 - Meisterschaft

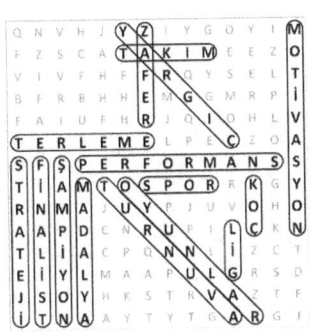

5 - Insekten

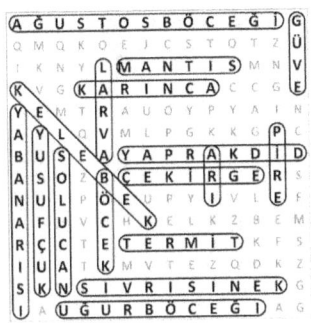

6 - Dinosaurier

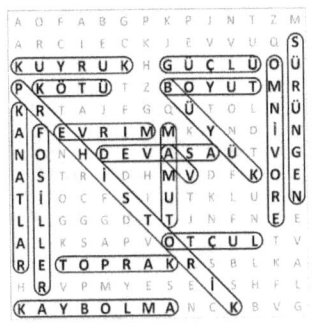

7 - Obst

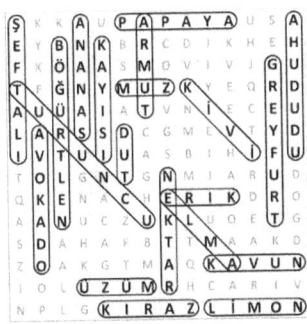

8 - Schule #2

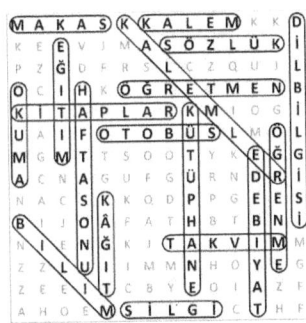

9 - Spielzeuge

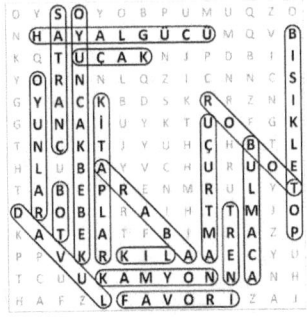

10 - Komödie

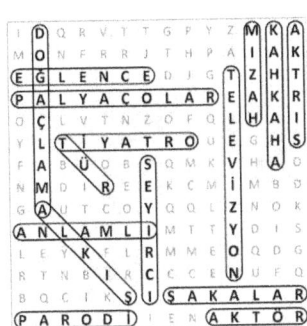

11 - Camping

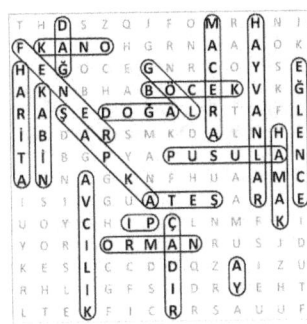

12 - Zeit

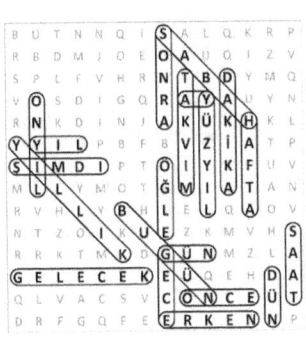

13 - Säugetiere

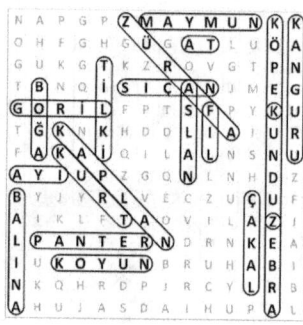

14 - Astronomie

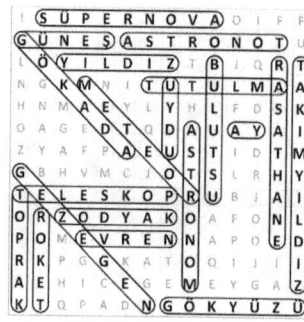

15 - Ballett

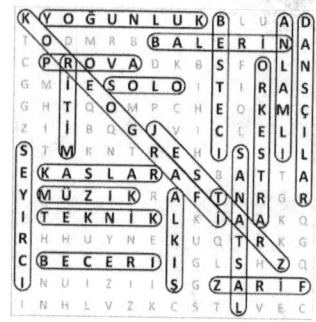

16 - Strand

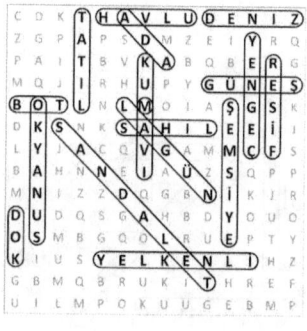

17 - Restaurant #1

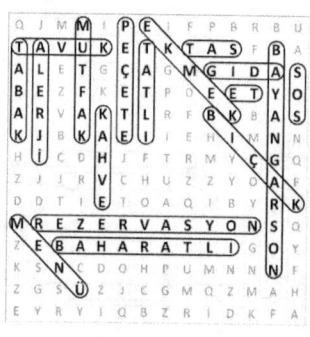

18 - Geologie

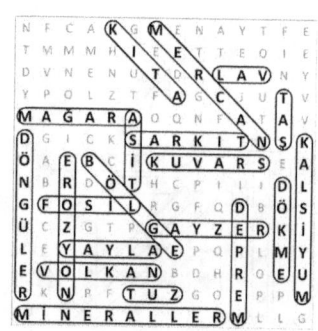

19 - Wissenschaft

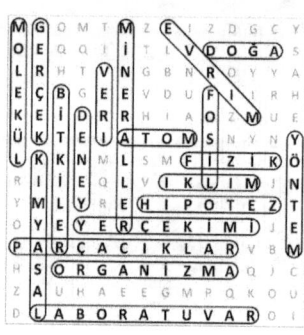

20 - Bildende Kunst

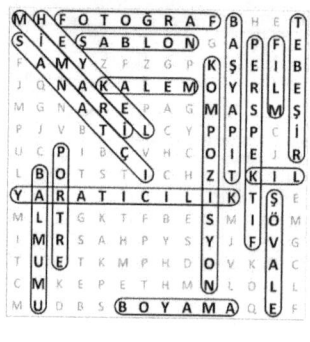

21 - Sport

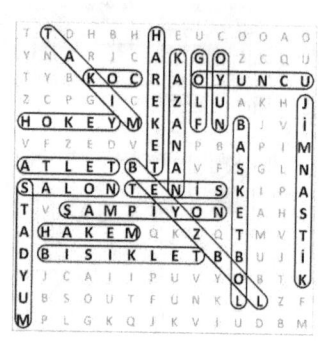

22 - Mythologie

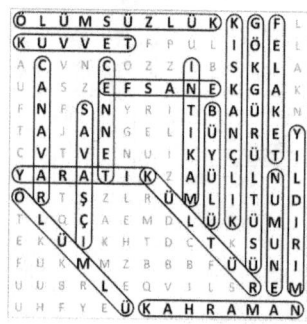

23 - Tools

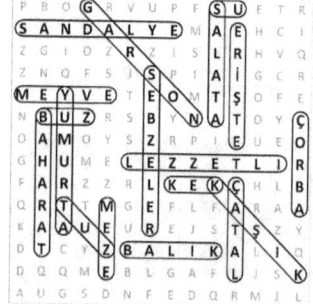

24 - Restaurant #2

25 - Ökologie

KÜRESEL · DAĞLAR · KURAKLIK · FLORA · DOĞA · GÖNÜLLÜ · DENİZ · BİTKİLER · BATAKLIK · BİTKİ ÖRTÜSÜ · ÇEŞİTLİLİK

26 - Schokolade

LEZZETLİ · ÇİZLEM · AROMA · ACI · FAVORİ · ŞEKER · KARAMEL · ZANAAT · TOZ · ANTİOKSİDAN

27 - Boote

DİREK · KANO · YELKENLİ · DALGALAR · NEHİR · OKYANUS · SALA · DENİZ · MÜRETTEBAT · ŞAMANDIRA

28 - Stadt

KİTAPÇI · RESTORAN · TİYATRO · STADYUM · FIRIN · OTEL · SİNEMA · CİÇEKÇİ · KÜTÜPHANE

29 - Aktivitäten

BALIKÇILIK · RAHATLAMA · DANS · YÜRÜYÜŞ · OYUNLAR · DİKİŞ · BAHÇIVANLIK · ŞIIR · BECERİ · SERAMİK

30 - Bienen

ÇEŞİTLİLİK · GIDA · BİTKİLER · TOZLAYICI · BALMUMU · DUMAN · MEYVE · ÇİÇEKLER · KRALİÇE · EKOSİSTEM · FAYDALI

31 - Wissenschaftliche

TERMODİNAMİK · ANATOMİ · BİYOLOJİ · JEOLOJİ · ZOOLOJİ · KİMYA · EKOLOJİ · PSİKOLOJİ · BİYOKİMYA · DİLBİLİM · MEKANİK · MİNERALOJİ · ASTRONOMİ

32 - Vögel

BAYKUŞ · YUMURTA · ÖRDEK · TAVUK · KARTAL · FLAMİNGO · KAZ · BALIKÇI · GUGUK · GÜVERCİN

33 - Kochen Tools

RENDE · BUZDOLABI · BIÇAK · MAKAS · TAVA · KAPAK · SÜZGEÇ · SPATULA · BLENDER · KAZAN · FIRIN · TERMOMETRE

34 - Garten

ÇİT · TRAMBOLİN · TOPRAK · HAMAK · HORTUM · GARAJ · TIRMIK · BANK · AĞAÇ · OTLAR · ÇALI · KÜREK · BAHÇE

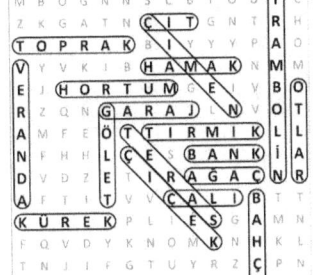

35 - Antarktis

KORUMA · ÇAY · KAYA · KUŞLAR · SEFER · BİLİMSEL · TOPOĞRAF · YARIMADA · ARAŞTIRMACI · BUZ · BUZULLAR · KAVA · SICAKLIK · COĞRAFYA · MİNERALLER

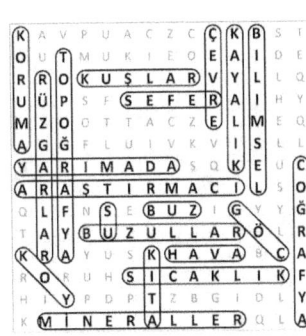

36 - Fahren

GARAJ · KAZA · ARABA · TRAFİK · FRENLER · TAŞIMACILIK · POLİS · KAMYON · MOTOR · OTOBÜS · MOTOSİKLET · DİKKAT

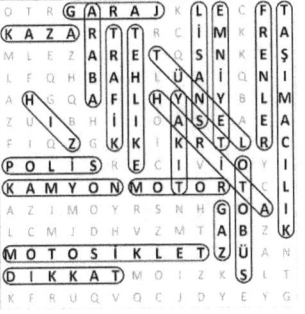

37 - Bücher

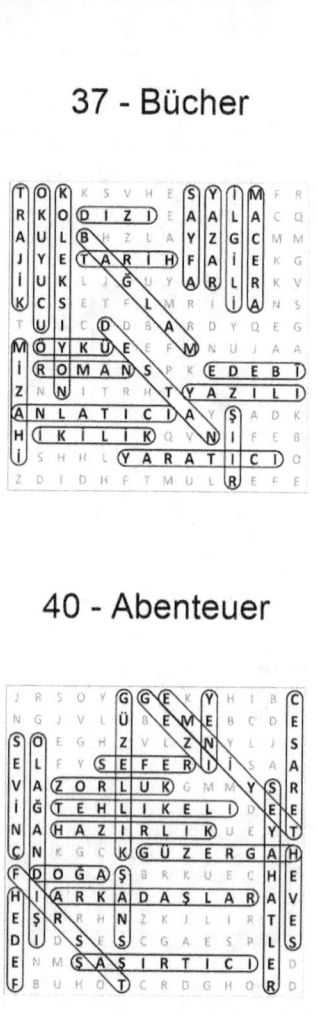

38 - Menschlicher Körper

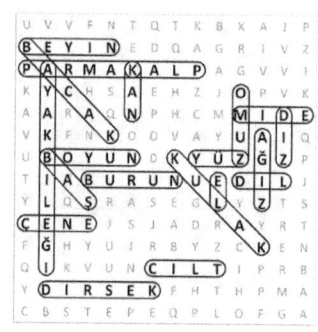

39 - Landschaften

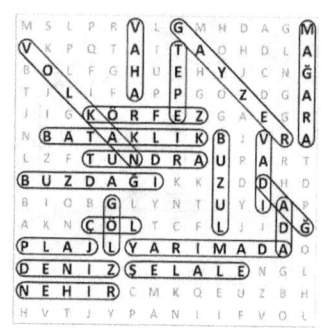

40 - Abenteuer

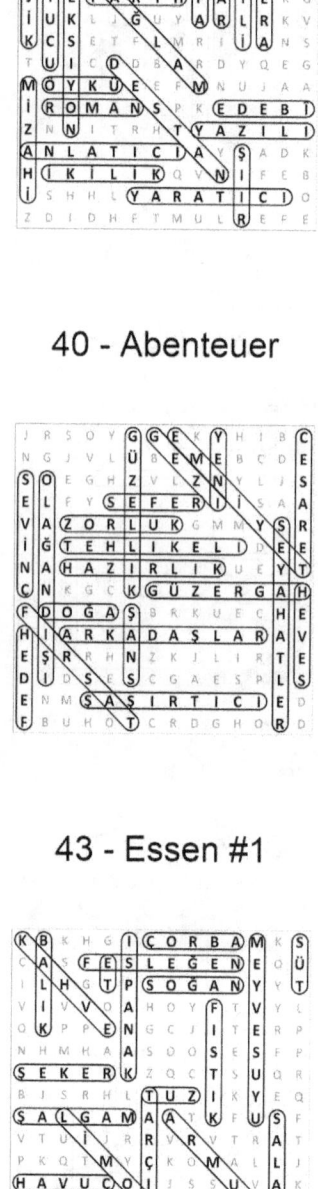

41 - Flugzeuge

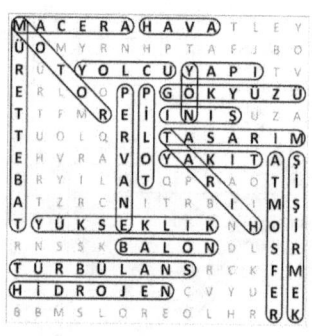

42 - Haartypen

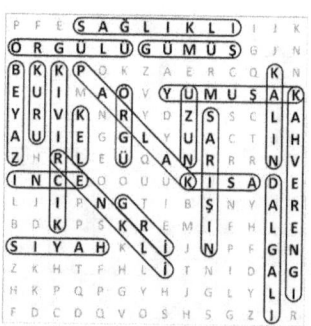

43 - Essen #1

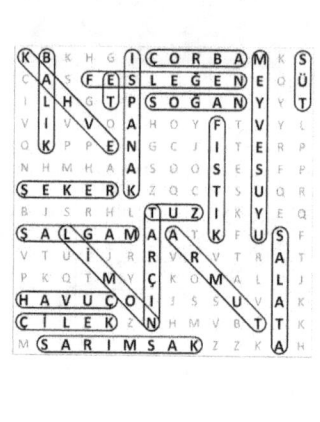

44 - Gebäude

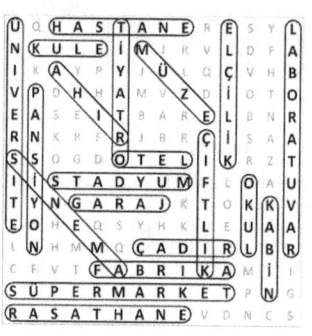

45 - Angeln

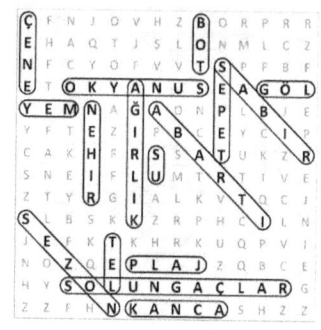

46 - Essen #2

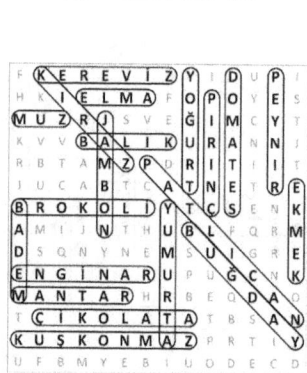

47 - Familie

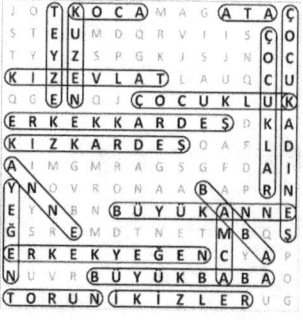

48 - Pflanzen

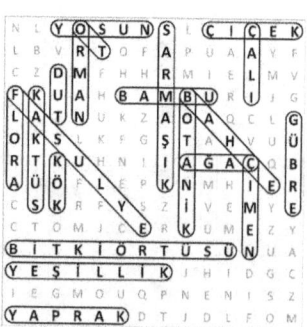

49 - Gewürze

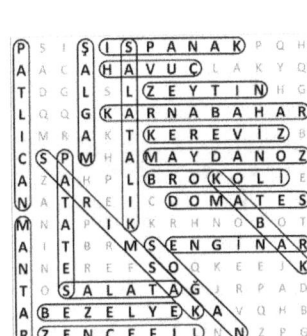

50 - Gemüse

51 - Katzen

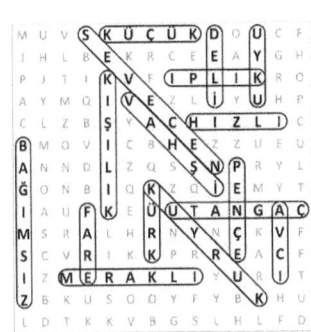

52 - Tanzen

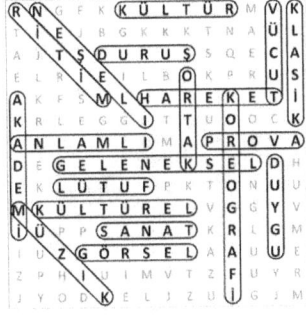

53 - Ernährung

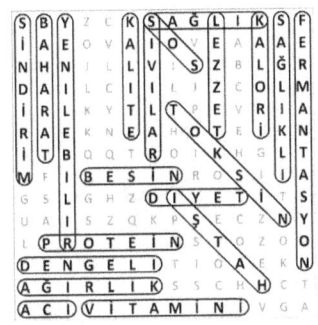

54 - Technologie

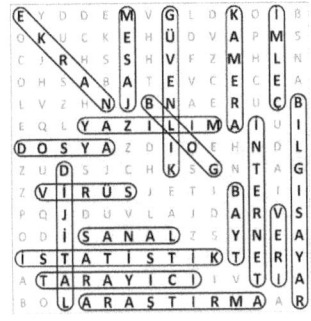

55 - Wasser

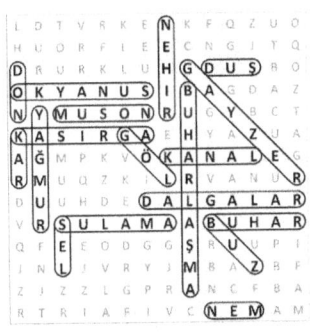

56 - Science Fiction

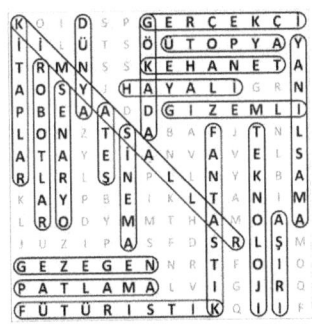

57 - Haustiere

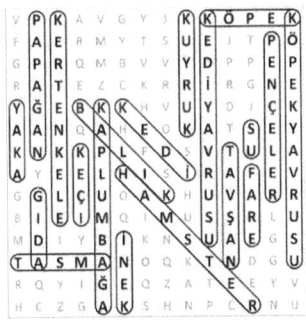

58 - Geburtstag

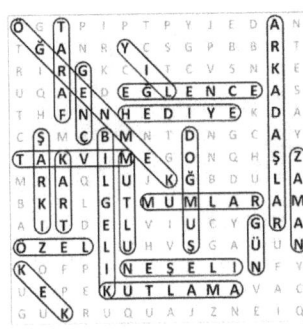

59 - Literatur

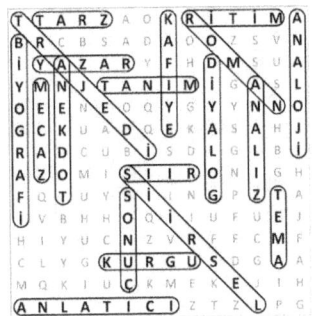

60 - Wandern

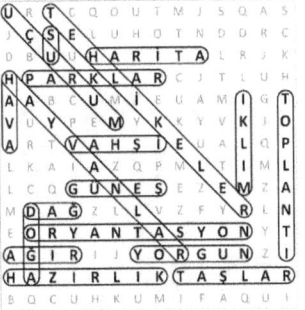

61 - Länder #2

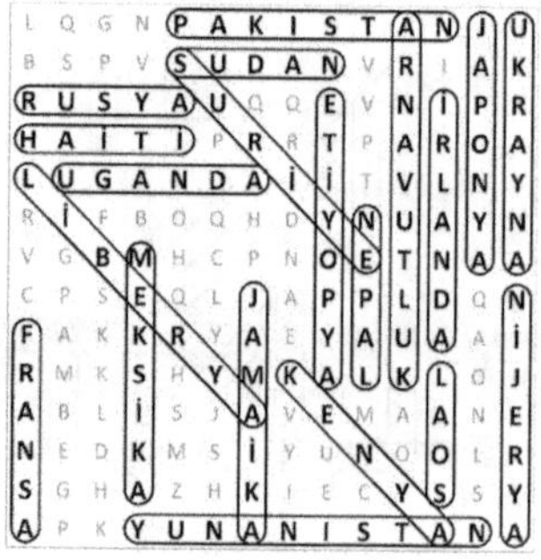

62 - Fahrzeuge

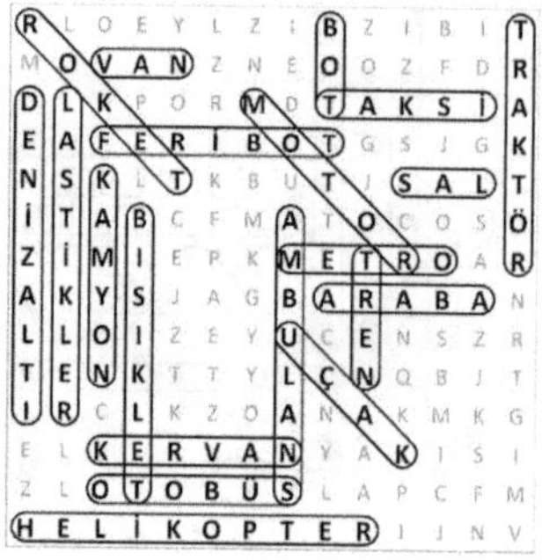

63 - Badezimmer

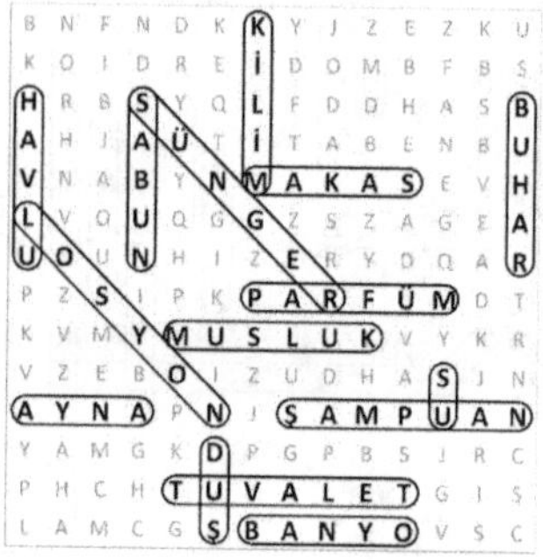

64 - Musikinstrumente

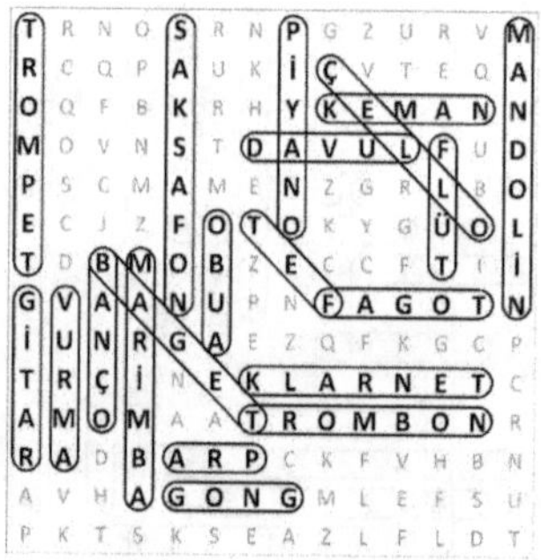

65 - Blumen

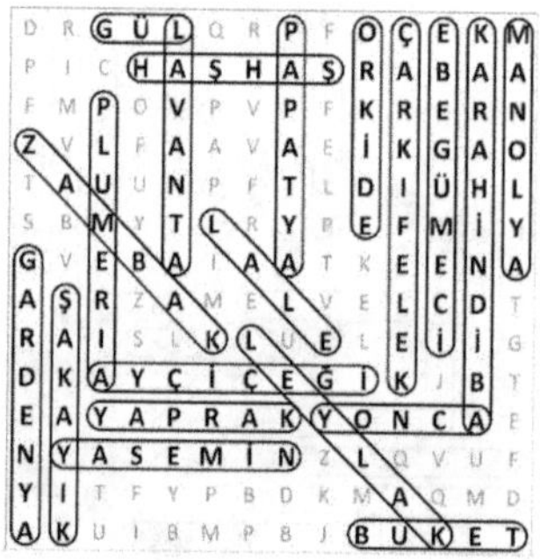

66 - Natur

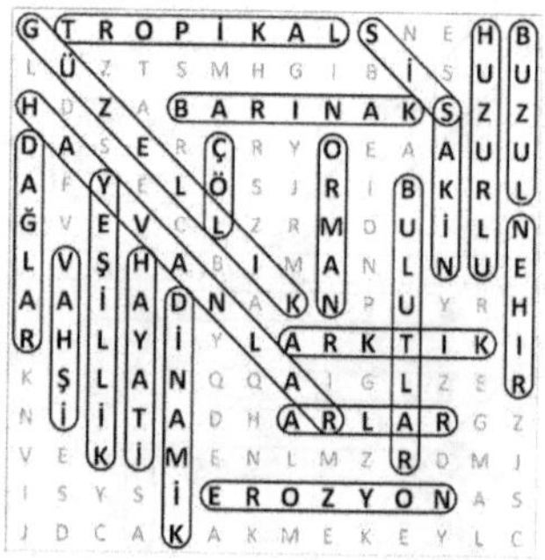

67 - Urlaub #2

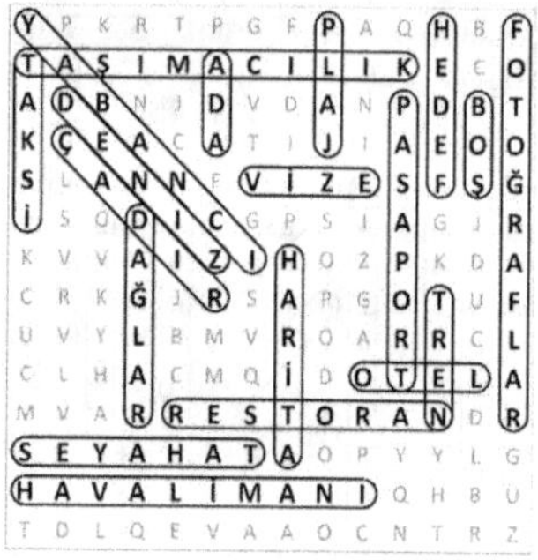

68 - Zirkus

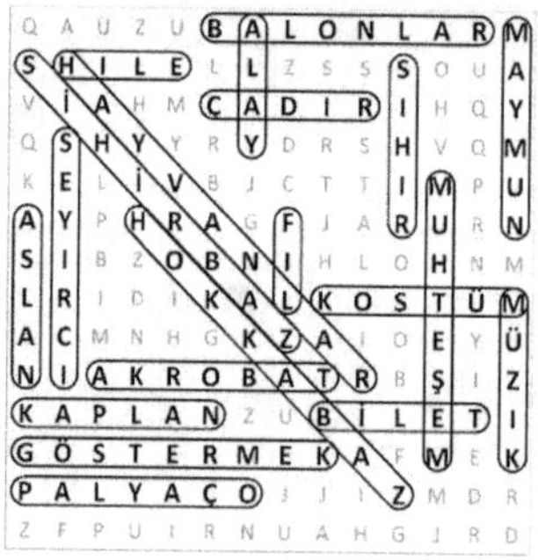

69 - Barbecues

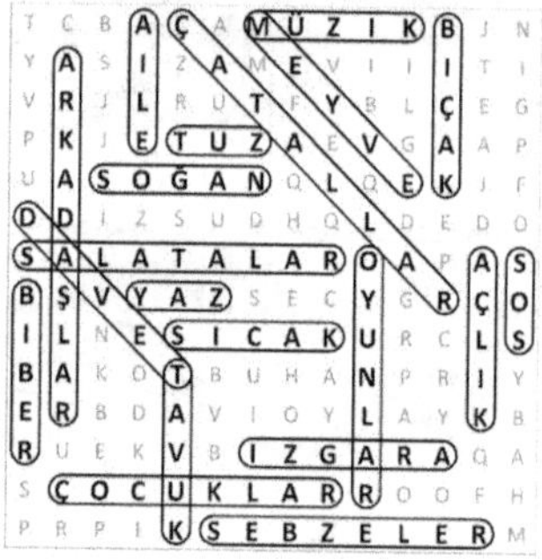

70 - Küche

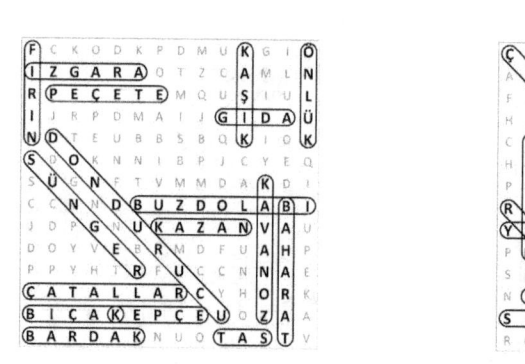

71 - Schach

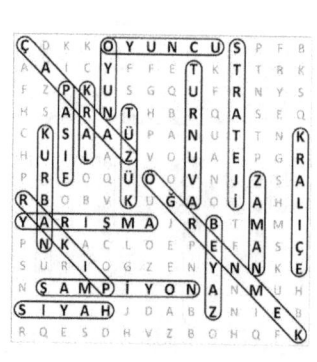

72 - Geographie

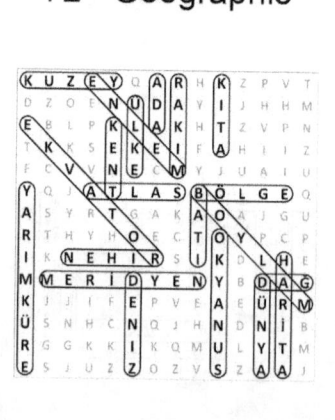

73 - Zahlen

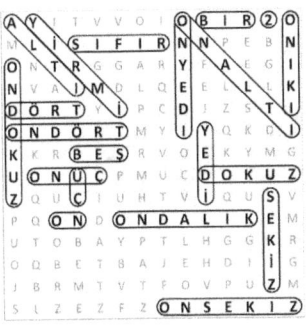

74 - Urlaub #1

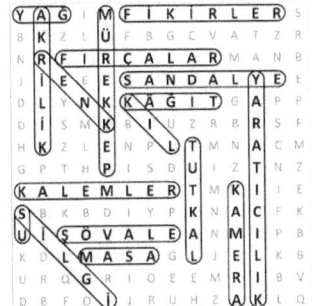

75 - Kunst Liefert

76 - Tage und Monate

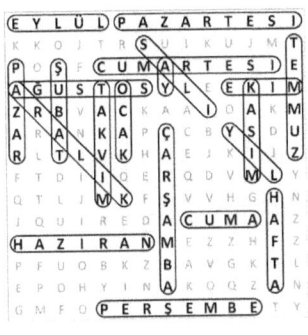

77 - Piraten

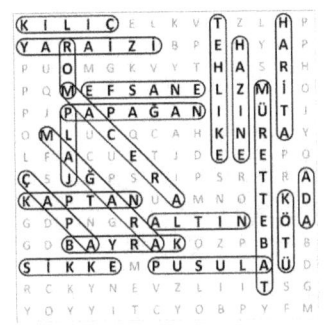

78 - Emotionen

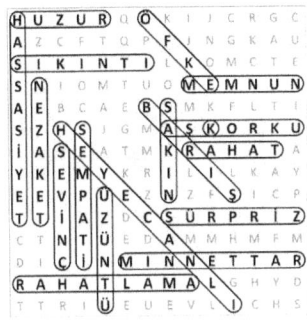

79 - Zu Füllen

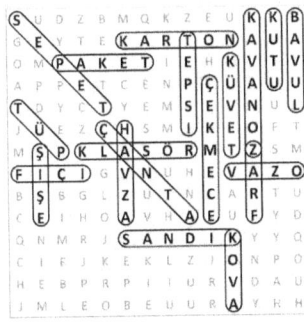

80 - Surfen

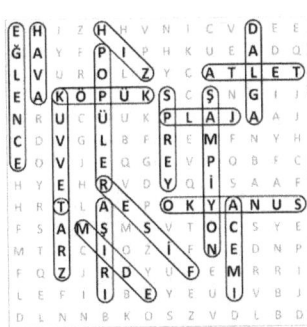

81 - Möbel

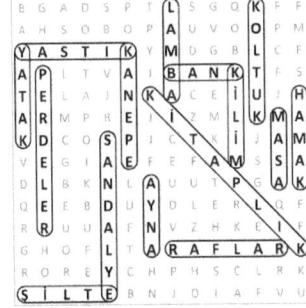

82 - Kräuterkunde

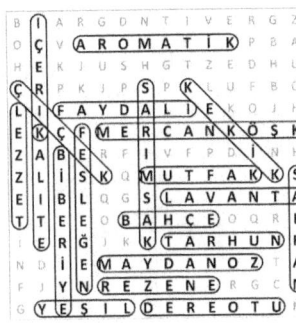

83 - Tugenden #1

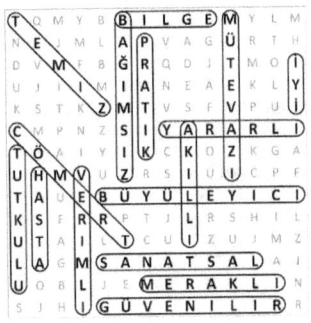

84 - Aktivitäten und Freizeit

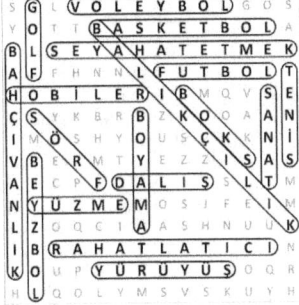

85 - Formen

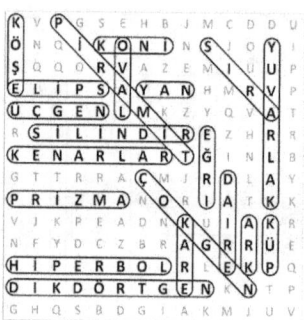

86 - Adjektive #2

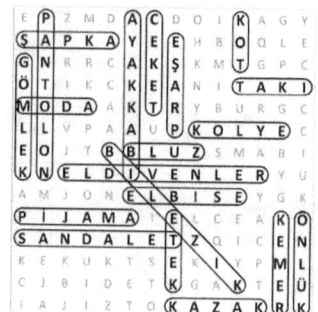

87 - Kleidung

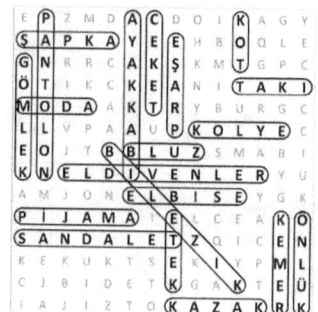

88 - Sommer

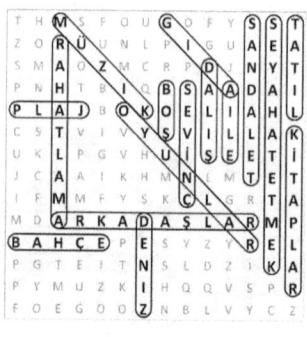

89 - Farben

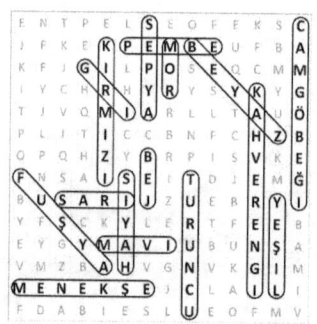

90 - Haus

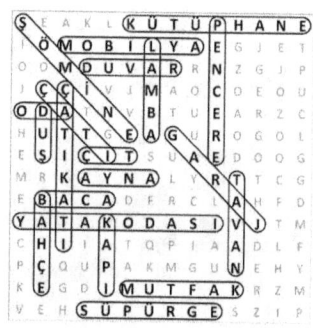

91 - Bauernhof #1

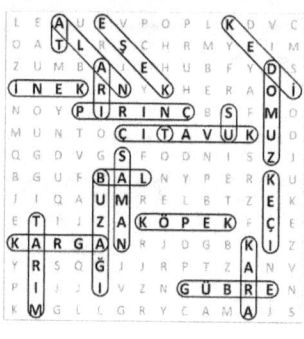

92 - Berufe #1

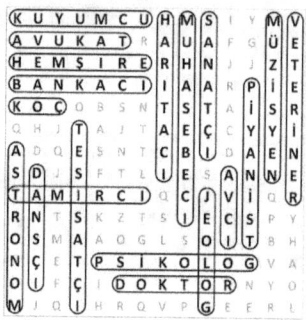

93 - Adjektive #1

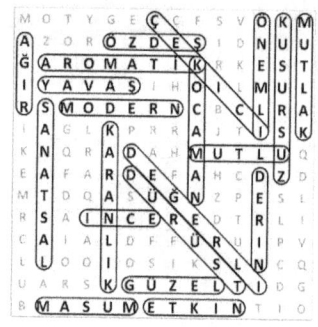

94 - Mathematik

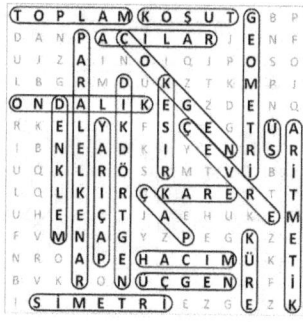

95 - Messungen

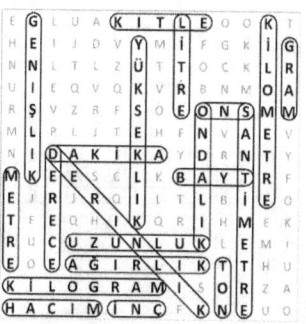

96 - Schlösser

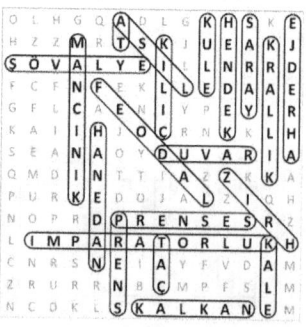

97 - Bauernhof #2

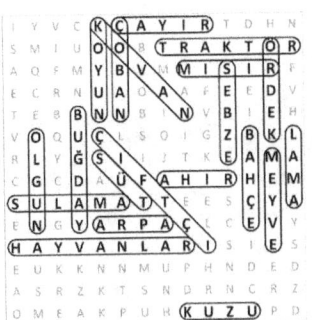

98 - Berufe #2

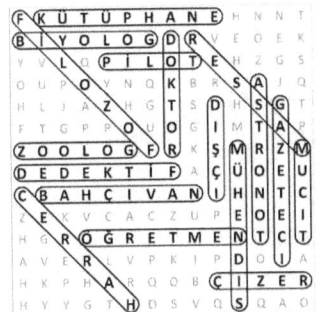

99 - Erforschung

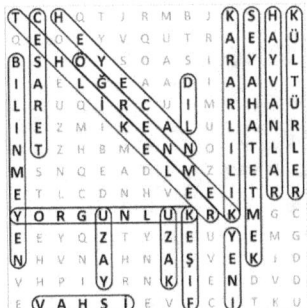

100 - Wetter

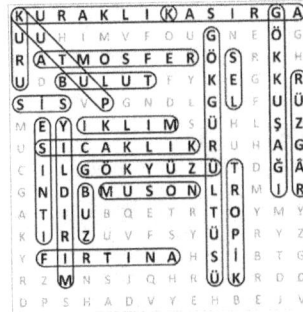

Wörterbuch

Abenteuer
Macera

Ausflug	Gezi
Begeisterung	Heves
Chance	Şans
Freude	Sevinç
Freunde	Arkadaşlar
Gefährlich	Tehlikeli
Gelegenheit	Firsat
Natur	Doğa
Navigation	Sefer
Neu	Yeni
Reisen	Seyahatler
Route	Güzergah
Schönheit	Güzellik
Schwierigkeit	Zorluk
Sicherheit	Emniyet
Tapferkeit	Cesaret
Ungewöhnlich	Olağan Dişi
Überraschend	Şaşirtici
Vorbereitung	Hazirlik
Ziel	Hedef

Adjektive #1
Sıfatlar #1

Absolut	Mutlak
Aktiv	Etkin
Aromatisch	Aromatik
Attraktiv	Çekici
Dunkel	Karanlik
Dünn	Ince
Ehrlich	Dürüst
Glücklich	Mutlu
Identisch	Özdeş
Künstlerisch	Sanatsal
Langsam	Yavaş
Modern	Modern
Perfekt	Kusursuz
Riesig	Kocaman
Schön	Güzel
Schwer	Ağir
Tief	Derin
Unschuldig	Masum
Wertvoll	Değerli
Wichtig	Önemli

Adjektive #2
Sıfatlar #2

Authentisch	Otantik
Berühmt	Ünlü
Beschreibend	Açiklayici
Dramatisch	Dramatik
Elegant	Zarif
Essbar	Yenilebilir
Frisch	Taze
Gesund	Sağlikli
Hungrig	Aç
Interessant	Enteresan
Kreativ	Yaratici
Natürlich	Doğal
Neu	Yeni
Normal	Normal
Produktiv	Üretken
Salzig	Tuzlu
Stark	Güçlü
Stolz	Gururlu
Verantwortlich	Sorumlu
Wild	Vahşi

Aktivitäten
Etkinlikler

Angeln	Balikçilik
Entspannung	Rahatlama
Fähigkeit	Beceri
Fotografie	Fotoğrafçilik
Freizeit	Boş
Gartenarbeit	Bahçivanlik
Gemälde	Boyama
Jagd	Avcilik
Keramik	Seramik
Kunst	Sanat
Lesen	Okuma
Magie	Sihir
Nähen	Dikiş
Spiele	Oyunlar
Stricken	Örme
Tanzen	Dans
Vergnügen	Zevk
Wandern	Yürüyüş

Aktivitäten und Freizeit
Aktiviteler ve boş Zaman

Angeln	Balikçilik
Baseball	Beyzbol
Basketball	Basketbol
Boxen	Boks
Entspannend	Rahatlatici
Fussball	Futbol
Gartenarbeit	Bahçivanlik
Gemälde	Boyama
Golf	Golf
Hobbies	Hobiler
Kunst	Sanat
Reise	Seyahat Etmek
Schwimmen	Yüzme
Surfen	Sörf
Tauchen	Daliş
Tennis	Tenis
Volleyball	Voleybol
Wandern	Yürüyüş

Angeln
Balık Tutma

Boot	Bot
Draht	Tel
Fluss	Nehir
Geduld	Sabir
Gewicht	Ağirlik
Haken	Kanca
Jahreszeit	Sezon
Kiefer	Çene
Kiemen	Solungaçlar
Korb	Sepet
Köder	Yem
Ozean	Okyanus
See	Göl
Strand	Plaj
Übertreibung	Abarti
Wasser	Su

Antarktis
Antarktika

Bucht	Koy
Eis	Buz
Erhaltung	Koruma
Expedition	Sefer
Felsig	Kayalik
Forscher	Araştirmaci
Geographie	Coğrafya
Gletscher	Buzullar
Halbinsel	Yarimada
Kontinent	Kita
Migration	Göç
Mineralien	Mineraller
Temperatur	Sicaklik
Topographie	Topoğrafya
Umwelt	Çevre
Vögel	Kuşlar
Wasser	Su
Wetter	Hava
Wind	Rüzgarlar
Wissenschaftlich	Bilimsel

Astronomie
Astronomi

Astronaut	Astronot
Astronom	Astronom
Erde	Toprak
Finsternis	Tutulma
Galaxie	Gökada
Himmel	Gökyüzü
Konstellation	Takimyildiz
Meteor	Meteor
Mond	Ay
Nebel	Bulutsu
Observatorium	Rasathane
Planet	Gezegen
Rakete	Roket
Satellit	Uydu
Sonne	Güneş
Stern	Yildiz
Supernova	Süpernova
Teleskop	Teleskop
Tierkreis	Zodyak
Universum	Evren

Badezimmer
Banyo

Bad	Banyo
Dampf	Buhar
Dusche	Duş
Handtuch	Havlu
Lotion	Losyon
Parfüm	Parfüm
Schere	Makas
Schwamm	Sünger
Seife	Sabun
Shampoo	Şampuan
Spiegel	Ayna
Teppich	Kilim
Toilette	Tuvalet
Wasser	Su
Wasserhahn	Musluk

Ballett
Bale

Anmutig	Zarif
Applaus	Alkiş
Ausdrucksvoll	Anlamli
Ballerina	Balerin
Choreographie	Koreografi
Fähigkeit	Beceri
Geste	Jest
Intensität	Yoğunluk
Komponist	Besteci
Künstlerisch	Sanatsal
Musik	Müzik
Muskel	Kaslar
Orchester	Orkestra
Probe	Prova
Publikum	Seyirci
Rhythmus	Ritim
Solo	Solo
Stil	Tarz
Tänzer	Dansçilar
Technik	Teknik

Barbecues
Barbeküler

Einladung	Davet
Familie	Aile
Freunde	Arkadaşlar
Frucht	Meyve
Gabeln	Çatallar
Gemüse	Sebzeler
Grill	Izgara
Heiss	Sicak
Huhn	Tavuk
Hunger	Açlik
Kinder	Çocuklar
Messer	Biçak
Musik	Müzik
Pfeffer	Biber
Salate	Salatalar
Salz	Tuz
Sommer	Yaz
Sosse	Sos
Spiele	Oyunlar
Zwiebeln	Soğan

Bauernhof #1
Çiftlik #1

Biene	Ari
Dünger	Gübre
Esel	Eşek
Feld	Alan
Heu	Saman
Honig	Bal
Huhn	Tavuk
Hund	Köpek
Kalb	Buzaği
Katze	Kedi
Krähe	Karga
Kuh	İnek
Land	Kara
Landwirtschaft	Tarim
Pferd	At
Reis	Pirinç
Schwein	Domuz
Wasser	Su
Zaun	Çit
Ziege	Keçi

Bauernhof #2
Çiftlik #2

Bauer	Çiftçi
Bewässerung	Sulama
Bienenstock	Kovan
Ente	Ördek
Frucht	Meyve
Gemüse	Sebze
Gerste	Arpa
Lama	Lama
Lamm	Kuzu
Mais	Misir
Milch	Süt
Obstgarten	Bahçe
Reif	Olgun
Schaf	Koyun
Schäfer	Çoban
Scheune	Ahir
Tiere	Hayvanlar
Traktor	Traktör
Weizen	Buğday
Wiese	Çayir

Berufe #1
Meslekler #1

Arzt	Doktor
Astronom	Astronom
Bankier	Bankaci
Botschafter	Büyükelçi
Buchhalter	Muhasebeci
Geologe	Jeolog
Jäger	Avci
Juwelier	Kuyumcu
Kartograph	Haritaci
Klempner	Tesisatçi
Krankenschwester	Hemşire
Künstler	Sanatçi
Mechaniker	Tamirci
Musiker	Müzisyen
Pianist	Piyanist
Psychologe	Psikolog
Rechtsanwalt	Avukat
Tänzer	Dansçi
Tierarzt	Veteriner
Trainer	Koç

Berufe #2
Meslekler #2

Arzt	Doktor
Astronaut	Astronot
Bibliothekar	Kütüphane
Biologe	Biyolog
Chirurg	Cerrah
Detektiv	Dedektif
Erfinder	Mucit
Forscher	Araştirmaci
Fotograf	Fotoğrafçi
Gärtner	Bahçivan
Illustrator	Çizer
Ingenieur	Mühendis
Journalist	Gazeteci
Lehrer	Öğretmen
Linguist	Dilbilimci
Maler	Ressam
Philosoph	Filozof
Pilot	Pilot
Zahnarzt	Dişçi
Zoologe	Zoolog

Bienen
Arılar

Bestäuber	Tozlayici
Bienenkorb	Kovan
Blumen	Çiçekler
Blüte	Çiçek
Essen	Gida
Flügel	Kanatlar
Frucht	Meyve
Garten	Bahçe
Honig	Bal
Insekt	Böcek
Königin	Kraliçe
Ökosystem	Ekosistem
Pflanzen	Bitkiler
Pollen	Polen
Rauch	Duman
Schwarm	Sürü
Sonne	Güneş
Vielfalt	Çeşitlilik
Vorteilhaft	Faydali
Wachs	Balmumu

Bildende Kunst
Görsel Sanatlar

Architektur	Mimari
Bleistift	Kalem
Film	Film
Foto	Fotoğraf
Gemälde	Boyama
Kreativität	Yaraticilik
Kreide	Tebeşir
Künstler	Sanatçi
Meisterwerk	Başyapit
Perspektive	Perspektif
Porträt	Portre
Schablone	Şablon
Skulptur	Heykel
Staffelei	Şövale
Ton	Kil
Wachs	Balmumu
Zusammensetzung	Kompozisyon

Blumen
Çiçekler

Blütenblatt	Yaprak
Gardenie	Gardenya
Gänseblümchen	Papatya
Hibiskus	Ebegümeci
Jasmin	Yasemin
Klee	Yonca
Lavendel	Lavanta
Lila	Leylak
Lilie	Zambak
Löwenzahn	Karahindiba
Magnolie	Manolya
Mohn	Haşhaş
Orchidee	Orkide
Passionsblume	Çarkifelek
Pfingstrose	Şakayik
Plumeria	Plumeria
Rose	Gül
Sonnenblume	Ayçiçeği
Strauss	Buket
Tulpe	Lale

Boote
Tekneler

Anker	Çapa
Boje	Şamandira
Crew	Mürettebat
Dock	Dok
Fähre	Feribot
Floss	Sal
Fluss	Nehir
Kanu	Kano
Maritim	Denizcilik
Mast	Direk
Meer	Deniz
Motor	Motor
Nautisch	Deniz
Ozean	Okyanus
See	Göl
Seemann	Denizci
Segelboot	Yelkenli
Seil	Ip
Wellen	Dalgalar
Yacht	Yat

Bücher
Kitaplar

Abenteuer	Macera
Autor	Yazar
Dualität	İkilik
Episch	Destan
Erfinderisch	Yaratici
Erzähler	Anlatici
Geschichte	Öykü
Geschrieben	Yazili
Historisch	Tarih
Humorvoll	Mizahi
Kollektion	Koleksiyon
Kontext	Bağlam
Leser	Okuyucu
Literarisch	Edebî
Poesie	Şiir
Relevant	İlgili
Roman	Roman
Seite	Sayfa
Serie	Dizi
Tragisch	Trajik

Camping
Kamp Yapmak

Abenteuer	Macera
Berg	Dağ
Feuer	Ateş
Hängematte	Hamak
Hut	Şapka
Insekt	Böcek
Jagd	Avcilik
Kabine	Kabin
Kanu	Kano
Karte	Harita
Kompass	Pusula
Laterne	Fener
Mond	Ay
Natur	Doğa
See	Göl
Seil	Ip
Spass	Eğlence
Tiere	Hayvanlar
Wald	Orman
Zelt	Çadir

Dinosaurier
Dinozorlar

Allesfresser	Omnivore
Beute	Av
Bösartig	Kötü
Enorm	Devasa
Erde	Toprak
Evolution	Evrim
Flügel	Kanatlar
Fossilien	Fosiller
Gross	Büyük
Grösse	Boyut
Leistungsstark	Güçlü
Mammut	Mamut
Pflanzenfresser	Otçul
Prähistorisch	Prehistorik
Reptil	Sürüngen
Schwanz	Kuyruk
Verschwinden	Kaybolma

Emotionen
Duygular

Angst	Korku
Aufgeregt	Heyecanli
Dankbar	Minnettar
Entspannt	Rahat
Freude	Sevinç
Freundlichkeit	Nezaket
Frieden	Bariş
Langeweile	Sikinti
Liebe	Aşk
Relief	Rahatlama
Ruhe	Huzur
Ruhig	Sakin
Sympathie	Sempati
Traurigkeit	Üzüntü
Überraschen	Sürpriz
Wut	Öfke
Zärtlichkeit	Hassasiyet
Zufrieden	Memnun

Erforschung
Keşif

Aufregung	Heyecan
Entdeckung	Keşif
Entschlossenheit	Kararlilik
Erschöpfung	Yorgunluk
Fern	Uzak
Gefahren	Tehlikeler
Kulturen	Kültürler
Lernen	Öğrenmek
Mut	Cesaret
Neu	Yeni
Raum	Uzay
Reise	Seyahat Etmek
Sprache	Dil
Tiere	Hayvanlar
Unbekannt	Bilinmeyen
Wild	Vahşi

Ernährung
Beslenme

Appetit	Iştah
Ausgewogen	Dengeli
Bitter	Aci
Diät	Diyet
Essbar	Yenilebilir
Fermentation	Fermantasyon
Flüssigkeiten	Sivilar
Geschmack	Lezzet
Gesund	Sağlikli
Gesundheit	Sağlik
Gewicht	Ağirlik
Gewürze	Baharat
Kalorien	Kalori
Nährstoff	Besin
Proteine	Protein
Qualität	Kalite
Sosse	Sos
Toxin	Toksin
Verdauung	Sindirim
Vitamin	Vitamini

Essen #1
Yemek #1

Basilikum	Fesleğen
Birne	Armut
Erdbeere	Çilek
Erdnuss	Fistik
Fleisch	Et
Kaffee	Kahve
Karotte	Havuç
Knoblauch	Sarimsak
Milch	Süt
Rübe	Şalgam
Saft	Meyve Suyu
Salat	Salata
Salz	Tuz
Spinat	Ispanak
Suppe	Çorba
Thunfisch	Balik
Zimt	Tarçin
Zitrone	Limon
Zucker	Şeker
Zwiebel	Soğan

Essen #2
Yemek #2

Apfel	Elma
Artischocke	Enginar
Aubergine	Patlican
Banane	Muz
Brokkoli	Brokoli
Brot	Ekmek
Ei	Yumurta
Fisch	Balik
Joghurt	Yoğurt
Käse	Peynir
Kirsche	Kiraz
Mandel	Badem
Pilz	Mantar
Reis	Pirinç
Schinken	Jambon
Schokolade	Çikolata
Sellerie	Kereviz
Spargel	Kuşkonmaz
Tomate	Domates
Weizen	Buğday

Fahren
Sürüş

Auto	Araba
Bremsen	Frenler
Brennstoff	Yakit
Bus	Otobüs
Garage	Garaj
Gas	Gaz
Gefahr	Tehlike
Geschwindigkeit	Hiz
Karte	Harita
Lizenz	Lisans
Lkw	Kamyon
Motor	Motor
Motorrad	Motosiklet
Polizei	Polis
Sicherheit	Emniyet
Transport	Taşimacilik
Tunnel	Tünel
Unfall	Kaza
Verkehr	Trafik
Vorsicht	Dikkat

Fahrzeuge
Araçlar

Auto	Araba
Boot	Bot
Bus	Otobüs
Fahrrad	Bisiklet
Fähre	Feribot
Floss	Sal
Flugzeug	Uçak
Hubschrauber	Helikopter
Krankenwagen	Ambulans
Lkw	Kamyon
Motor	Motor
Rakete	Roket
Reifen	Lastikler
Taxi	Taksi
Traktor	Traktör
U-Bahn	Metro
U-Boot	Denizalti
Van	Van
Wohnwagen	Kervan
Zug	Tren

Familie
Aile

Bruder	Erkek Kardeş
Ehefrau	Kadin Eş
Ehemann	Koca
Enkel	Torun
Grossmutter	Büyükanne
Grossvater	Büyük Baba
Kind	Çocuk
Kinder	Çocuklar
Kindheit	Çocukluk
Mutter	Anne
Neffe	Erkek Yeğen
Nichte	Yeğen
Onkel	Amca
Schwester	Kiz Kardeş
Tante	Teyze
Tochter	Kiz Evlat
Vater	Baba
Vetter	Kuzen
Vorfahr	Ata
Zwillinge	İkizler

Farben
Renk

Beige	Bej
Blau	Mavi
Braun	Kahverengi
Fuchsie	Fuşya
Gelb	Sari
Grau	Gri
Grün	Yeşil
Lila	Mor
Orange	Turuncu
Rosa	Pembe
Rot	Kirmizi
Schwarz	Siyah
Sepia	Sepya
Violett	Menekşe
Weiss	Beyaz
Zyan	Camgöbeği

Flugzeuge
Uçaklar

Abenteuer	Macera
Abstieg	Iniş
Atmosphäre	Atmosfer
Aufblasen	Şişirmek
Ballon	Balon
Brennstoff	Yakit
Crew	Mürettebat
Design	Tasarim
Geschichte	Tarih
Himmel	Gökyüzü
Höhe	Yükseklik
Konstruktion	Yapi
Luft	Hava
Motor	Motor
Passagier	Yolcu
Pilot	Pilot
Propeller	Pervane
Richtung	Yön
Turbulenz	Türbülans
Wasserstoff	Hidrojen

Formen
Şekilliler

Bogen	Ark
Dreieck	Üçgen
Ecke	Köşe
Ellipse	Elips
Hyperbel	Hiperbol
Kanten	Kenarlar
Kegel	Koni
Kreis	Daire
Kurve	Eğri
Linie	Sira
Oval	Oval
Polygon	Çokgen
Prisma	Prizma
Pyramide	Piramit
Quadrat	Kare
Rechteck	Dikdörtgen
Rund	Yuvarlak
Seite	Yan
Würfel	Küp
Zylinder	Silindir

Garten
Bahçe

Bank	Bank
Baum	Ağaç
Blume	Çiçek
Boden	Toprak
Busch	Çali
Garage	Garaj
Garten	Bahçe
Gras	Çimen
Hängematte	Hamak
Rechen	Tirmik
Schaufel	Kürek
Schlauch	Hortum
Teich	Gölet
Terrasse	Teras
Trampolin	Trambolin
Unkraut	Otlar
Veranda	Veranda
Zaun	Çit

Gebäude
Site

Bauernhof	Çiftlik
Botschaft	Elçilik
Fabrik	Fabrika
Garage	Garaj
Herberge	Pansiyon
Hotel	Otel
Kabine	Kabin
Kino	Sinema
Krankenhaus	Hastane
Labor	Laboratuvar
Museum	Müze
Observatorium	Rasathane
Scheune	Ahir
Schule	Okul
Stadion	Stadyum
Supermarkt	Süpermarket
Theater	Tiyatro
Turm	Kule
Universität	Üniversite
Zelt	Çadir

Geburtstag
Doğum Günü

Feier	Kutlama
Freudig	Neşeli
Freunde	Arkadaşlar
Geboren	Doğmuş
Geschenk	Hediye
Glücklich	Mutlu
Jahr	Yil
Jung	Genç
Kalender	Takvim
Karten	Kart
Kerzen	Mumlar
Kuchen	Kek
Lernen	Öğrenmek
Lied	Şarki
Partei	Taraf
Spass	Eğlence
Spezial	Özel
Tag	Gün
Weisheit	Bilgelik
Zeit	Zaman

Gemüse
Sebzeler

Artischocke	Enginar
Aubergine	Patlican
Blumenkohl	Karnabahar
Brokkoli	Brokoli
Erbse	Bezelye
Gurke	Salatalik
Ingwer	Zencefil
Karotte	Havuç
Kartoffel	Patates
Knoblauch	Sarimsak
Kürbis	Kabak
Olive	Zeytin
Petersilie	Maydanoz
Pilz	Mantar
Rübe	Şalgam
Salat	Salata
Sellerie	Kereviz
Spinat	Ispanak
Tomate	Domates
Zwiebel	Soğan

Geographie
Coğrafya

Atlas	Atlas
Äquator	Ekvator
Berg	Dağ
Breite	Enlem
Fluss	Nehir
Hemisphäre	Yarimküre
Höhe	Rakim
Insel	Ada
Karte	Harita
Kontinent	Kita
Land	Ülke
Längengrad	Boylam
Meer	Deniz
Meridian	Meridyen
Norden	Kuzey
Ozean	Okyanus
Region	Bölge
Stadt	Kent
Welt	Dünya
West	Bati

Geologie
Jeoloji

Erdbeben	Deprem
Erosion	Erozyon
Fossil	Fosil
Geschmolzen	Dökme
Geysir	Gayzer
Höhle	Mağara
Kalzium	Kalsiyum
Kontinent	Kita
Koralle	Mercan
Lava	Lav
Mineralien	Mineraller
Plateau	Yayla
Quarz	Kuvars
Salz	Tuz
Säure	Asit
Stalaktit	Sarkit
Stein	Taş
Vulkan	Volkan
Zone	Bölge
Zyklen	Döngüler

Gewürze
Baharat

Anis	Anason
Bitter	Aci
Curry	Köri
Fenchel	Rezene
Geschmack	Lezzet
Ingwer	Zencefil
Kardamom	Kakule
Knoblauch	Sarimsak
Lakritze	Meyan
Muskatnuss	Ceviz
Nelke	Karanfil
Paprika	Kirmizi Biber
Pfeffer	Biber
Safran	Safran
Salz	Tuz
Sauer	Ekşi
Süss	Tatli
Vanille	Vanilya
Zimt	Tarçin
Zwiebel	Soğan

Haartypen
Saç Tipleri

Blond	Sarişin
Braun	Kahverengi
Dick	Kalin
Dünn	Ince
Farbig	Renkli
Geflochten	Örgülü
Gesund	Sağlikli
Glänzend	Parlak
Grau	Gri
Kahl	Kel
Kurz	Kisa
Lang	Uzun
Lockig	Kivircik
Schwarz	Siyah
Silber	Gümüş
Trocken	Kuru
Weich	Yumuşak
Weiss	Beyaz
Wellig	Dalgali
Zöpfe	Örgü

Haus
Ev

Besen	Süpürge
Bibliothek	Kütüphane
Dach	Çati
Dachboden	Çati Kati
Decke	Tavan
Dusche	Duş
Fenster	Pencere
Garage	Garaj
Garten	Bahçe
Kamin	Şömine
Küche	Mutfak
Lampe	Lamba
Möbel	Mobilya
Schlafzimmer	Yatak Odasi
Schornstein	Baca
Spiegel	Ayna
Tür	Kapi
Wand	Duvar
Zaun	Çit
Zimmer	Oda

Haustiere
Evcil Hayvan

Eidechse	Kertenkele
Essen	Gida
Fisch	Balik
Hamster	Hamster
Hase	Tavşan
Hund	Köpek
Katze	Kedi
Kätzchen	Kedi Yavrusu
Kragen	Yaka
Krallen	Pençeler
Kuh	İnek
Leine	Tasma
Maus	Fare
Papagei	Papağan
Schildkröte	Kaplumbağa
Schwanz	Kuyruk
Tierarzt	Veteriner
Wasser	Su
Welpe	Köpek Yavrusu
Ziege	Keçi

Insekten
Böcekler

Ameise	Karinca
Biene	Ari
Blattlaus	Yaprakdid
Floh	Pire
Gottesanbeterin	Mantis
Heuschrecke	Çekirge
Käfer	Böcek
Larve	Larva
Libelle	Yusufçuk
Marienkäfer	Uğur Böceği
Motte	Güve
Mücke	Sivrisinek
Schmetterling	Kelebek
Termite	Termit
Wespe	Yaban Arisi
Wurm	Solucan
Zikade	Ağustosböceği

Katzen
Kediler

Fell	Kürk
Garn	Iplik
Jäger	Avci
Liebevoll	Sevecen
Maus	Fare
Neugierig	Merakli
Persönlichkeit	Kişilik
Pfote	Pençe
Schlafen	Uyku
Schnell	Hizli
Schüchtern	Utangaç
Schwanz	Kuyruk
Unabhängig	Bağimsiz
Verrückt	Deli
Wenig	Küçük
Wild	Vahşi

Kleidung
Giyim

Armband	Bilezik
Bluse	Bluz
Gürtel	Kemer
Halskette	Kolye
Handschuhe	Eldivenler
Hemd	Gömlek
Hose	Pantolon
Hut	Şapka
Jacke	Ceket
Jeans	Kot
Kleid	Elbise
Mode	Moda
Pullover	Kazak
Rock	Etek
Sandalen	Sandalet
Schal	Eşarp
Schlafanzug	Pijama
Schmuck	Taki
Schuh	Ayakkabi
Schürze	Önlük

Kochen Tools
Pişirme Gereçleri

Deckel	Kapak
Gabel	Çatal
Herd	Soba
Kühlschrank	Buzdolabi
Löffel	Kaşik
Messer	Biçak
Mixer	Blender
Ofen	Firin
Reibe	Rende
Schere	Makas
Sieb	Süzgeç
Spatel	Spatula
Thermometer	Termometre
Toaster	Tost
Wasserkocher	Kazan

Komödie
Komedi

Applaus	Alkiş
Ausdrucksvoll	Anlamli
Clowns	Palyaçolar
Fernsehen	Televizyon
Genre	Tür
Humor	Mizah
Improvisation	Doğaçlama
Lachen	Kahkaha
Parodie	Parodi
Publikum	Seyirci
Schauspieler	Aktör
Schauspielerin	Aktris
Spass	Eğlence
Theater	Tiyatro
Witze	Şakalar

Kräuterkunde
Bitkicilik

Aromatisch	Aromatik
Basilikum	Fesleğen
Blume	Çiçek
Dill	Dereotu
Estragon	Tarhun
Fenchel	Rezene
Garten	Bahçe
Geschmack	Lezzet
Grün	Yeşil
Knoblauch	Sarimsak
Kulinarisch	Mutfak
Lavendel	Lavanta
Majoran	Mercanköşk
Petersilie	Maydanoz
Qualität	Kalite
Rosmarin	Biberiye
Safran	Safran
Thymian	Kekik
Vorteilhaft	Faydali
Zutat	Içerik

Kunst Liefert
Sanat Malzemeleri

Acryl	Akrilik
Bleistifte	Kalemler
Bürsten	Firçalar
Farben	Renk
Ideen	Fikirler
Kamera	Kamera
Kreativität	Yaraticilik
Leim	Tutkal
Öl	Yağ
Papier	Kâğit
Radiergummi	Silgi
Staffelei	Şövale
Stuhl	Sandalye
Tabelle	Masa
Tinte	Mürekkep
Ton	Kil
Wasser	Su

Küche
Mutfak

Essen	Gida
Gabeln	Çatallar
Gefrierschrank	Dondurucu
Gewürze	Baharat
Grill	Izgara
Kelle	Kepçe
Krug	Kavanoz
Kühlschrank	Buzdolabi
Löffel	Kaşik
Messer	Biçak
Ofen	Firin
Schürze	Önlük
Schüssel	Tas
Schwamm	Sünger
Serviette	Peçete
Tassen	Bardak
Wasserkocher	Kazan

Landschaften
Manzaralar

Berg	Dağ
Eisberg	Buzdaği
Fluss	Nehir
Geysir	Gayzer
Gletscher	Buzul
Golf	Körfez
Halbinsel	Yarimada
Höhle	Mağara
Hügel	Tepe
Insel	Ada
Meer	Deniz
Oase	Vaha
See	Göl
Strand	Plaj
Sumpf	Bataklik
Tal	Vadi
Tundra	Tundra
Vulkan	Volkan
Wasserfall	Şelale
Wüste	Çöl

Länder #2
Ülkeler #2

Albanien	Arnavutluk
Äthiopien	Etiyopya
Frankreich	Fransa
Griechenland	Yunanistan
Haiti	Haiti
Irland	İrlanda
Jamaika	Jamaika
Japan	Japonya
Kenia	Kenya
Laos	Laos
Liberia	Liberya
Mexiko	Meksika
Nepal	Nepal
Nigeria	Nijerya
Pakistan	Pakistan
Russland	Rusya
Sudan	Sudan
Syrien	Suriye
Uganda	Uganda
Ukraine	Ukrayna

Literatur
Edebiyat

Analogie	Analoji
Analyse	Analiz
Anekdote	Anekdot
Autor	Yazar
Beschreibung	Tanim
Biographie	Biyografi
Dialog	Diyalog
Erzähler	Anlatici
Fiktion	Kurgu
Gedicht	Şiir
Metapher	Mecaz
Poetisch	Şiirsel
Reim	Kafiye
Rhythmus	Ritim
Roman	Roman
Schlussfolgerung	Sonuç
Stil	Tarz
Thema	Tema
Tragödie	Trajedi
Vergleich	Karşilaştirma

Mathematik
Matematik

Arithmetik	Aritmetik
Bruchteil	Kesir
Dezimal	Ondalik
Dreieck	Üçgen
Durchmesser	Çap
Exponent	Üs
Geometrie	Geometri
Gleichung	Denklem
Kugel	Küre
Parallel	Koşut
Parallelogramm	Paralelkenar
Polygon	Çokgen
Quadrat	Kare
Radius	Yariçap
Rechteck	Dikdörtgen
Summe	Toplam
Symmetrie	Simetri
Umfang	Çevre
Volumen	Hacim
Winkel	Açilar

Meditation
Meditasyon

Annahme	Kabul
Atmung	Nefes Alma
Bewegung	Hareket
Dankbarkeit	Minnettarlik
Freundlichkeit	Nezaket
Frieden	Bariş
Gedanken	Düşünceler
Geistig	Zihinsel
Glück	Mutluluk
Haltung	Duruş
Klarheit	Açiklik
Lernen	Öğrenmek
Mitgefühl	Merhamet
Musik	Müzik
Natur	Doğa
Perspektive	Perspektif
Ruhig	Sakin
Stille	Sessizlik
Verstand	Akil
Wach	Uyanik

Meisterschaft
Şampiyonluk

Ausdauer	Dayaniklilik
Champion	Şampiyon
Finalist	Finalist
Liga	Lig
Mannschaft	Takim
Medaille	Madalya
Motivation	Motivasyon
Performance	Performans
Richter	Yargiç
Schweiss	Terleme
Sieg	Zafer
Spiele	Oyunlar
Sport	Spor
Strategie	Strateji
Trainer	Koç
Turnier	Turnuva

Menschlicher Körper
İnsan Vücudu

Bein	Bacak
Blut	Kan
Ellbogen	Dirsek
Finger	Parmak
Gehirn	Beyin
Gesicht	Yüz
Hals	Boyun
Hand	El
Haut	Cilt
Herz	Kalp
Kinn	Çene
Knie	Diz
Knöchel	Ayak Bileği
Kopf	Baş
Magen	Mide
Mund	Ağiz
Nase	Burun
Ohr	Kulak
Schulter	Omuz
Zunge	Dil

Messungen
Ölçümler

Breite	Genişlik
Byte	Bayt
Dezimal	Ondalik
Gewicht	Ağirlik
Grad	Derece
Gramm	Gram
Höhe	Yükseklik
Kilogramm	Kilogram
Kilometer	Kilometre
Länge	Uzunluk
Liter	Litre
Masse	Kitle
Meter	Metre
Minute	Dakika
Tiefe	Derinlik
Tonne	Ton
Unze	Ons
Volumen	Hacim
Zentimeter	Santimetre
Zoll	İnç

Möbel
Mobilya

Bank	Bank
Bett	Yatak
Bücherregal	Kitaplik
Couch	Kanepe
Futon	Şilte
Hängematte	Hamak
Kissen	Yastik
Lampe	Lamba
Regal	Raflar
Schreibtisch	Masa
Sessel	Koltuk
Spiegel	Ayna
Stuhl	Sandalye
Teppich	Kilim
Vorhang	Perdeler

Musikinstrumente
Enstrüman

Banjo	Banço
Cello	Çello
Drumsticks	Baget
Fagott	Fagot
Flöte	Flüt
Geige	Keman
Gitarre	Gitar
Gong	Gong
Harfe	Arp
Klarinette	Klarnet
Klavier	Piyano
Mandoline	Mandolin
Marimba	Marimba
Oboe	Obua
Posaune	Trombon
Saxophon	Saksafon
Schlagzeug	Vurma
Tamburin	Tef
Trommel	Davul
Trompete	Trompet

Mythologie
Mitoloji

Archetyp	Numune
Blitz	Yildirim
Donner	Gök Gürültüsü
Eifersucht	Kiskançlik
Held	Kahraman
Himmel	Cennet
Katastrophe	Felaket
Kreation	Yaratiliş
Kreatur	Yaratik
Krieger	Savaşçi
Kultur	Kültür
Labyrinth	Labirent
Legende	Efsane
Magisch	Büyülü
Monster	Canavar
Rache	Intikam
Stärke	Kuvvet
Sterblich	Ölümlü
Unsterblichkeit	Ölümsüzlük
Verhalten	Davraniş

Natur
Doğa

Arktis	Arktik
Berge	Dağlar
Bienen	Arlar
Dynamisch	Dinamik
Erosion	Erozyon
Fluss	Nehir
Friedlich	Huzurlu
Gletscher	Buzul
Heiligtum	Barinak
Heiter	Sakin
Laub	Yeşillik
Lebenswichtig	Hayati
Nebel	Sis
Schönheit	Güzellik
Tiere	Hayvanlar
Tropisch	Tropikal
Wald	Orman
Wild	Vahşi
Wolken	Bulutlar
Wüste	Çöl

Obst
Meyve

Ananas	Ananas
Apfel	Elma
Aprikose	Kayisi
Avocado	Avokado
Banane	Muz
Beere	Dut
Birne	Armut
Brombeere	Böğürtlen
Grapefruit	Greyfurt
Himbeere	Ahududu
Kirsche	Kiraz
Kiwi	Kivi
Melone	Kavun
Nektarine	Nektar
Orange	Turuncu
Papaya	Papaya
Pfirsich	Şeftali
Pflaume	Erik
Traube	Üzüm
Zitrone	Limon

Ozean
Okyanus

Aal	Yilan Baliği
Algen	Yosun
Auster	İstiridye
Boot	Bot
Delfin	Yunus
Fisch	Balik
Garnele	Karides
Gezeiten	Gelgit
Hai	Köpekbaliği
Koralle	Mercan
Krabbe	Yengeç
Krake	Ahtapot
Qualle	Denizanasi
Riff	Resif
Salz	Tuz
Schildkröte	Kaplumbağa
Schwamm	Sünger
Sturm	Firtina
Wal	Balina
Wellen	Dalgalar

Ökologie
Ekoloji

Berge	Dağlar
Dürre	Kuraklik
Fauna	Fauna
Flora	Flora
Freiwillige	Gönüllü
Gemeinschaft	Topluluk
Global	Küresel
Klima	Iklim
Marine	Deniz
Natur	Doğa
Natürlich	Doğal
Pflanzen	Bitkiler
Ressourcen	Kaynaklar
Sumpf	Bataklik
Überleben	Beka
Vegetation	Bitki Örtüsü
Vielfalt	Çeşitlilik

Pflanzen
Bitkiler

Bambus	Bambu
Baum	Ağaç
Beere	Dut
Blume	Çiçek
Blütenblatt	Yaprak
Bohne	Fasulye
Botanik	Botanik
Busch	Çali
Dünger	Gübre
Efeu	Sarmaşik
Flora	Flora
Garten	Bahçe
Gras	Çimen
Kaktus	Kaktüs
Kraut	Ot
Laub	Yeşillik
Moos	Yosun
Vegetation	Bitki Örtüsü
Wald	Orman
Wurzel	Kök

Piraten
Korsanlar

Abenteuer	Macera
Anker	Çapa
Crew	Mürettebat
Flagge	Bayrak
Gefahr	Tehlike
Gold	Altin
Höhle	Mağara
Insel	Ada
Kapitän	Kaptan
Karte	Harita
Kompass	Pusula
Legende	Efsane
Münzen	Sikke
Narbe	Yara İzi
Papagei	Papağan
Rum	Rom
Schatz	Hazine
Schlecht	Kötü
Schwert	Kiliç
Strand	Plaj

Restaurant #1
1 Numaralı Restoran

Allergie	Alerji
Brot	Ekmek
Dessert	Tatli
Essen	Gida
Fleisch	Et
Huhn	Tavuk
Kaffee	Kahve
Kellnerin	Bayan Garson
Küche	Mutfak
Menü	Menü
Messer	Biçak
Reservierung	Rezervasyon
Schüssel	Tas
Serviette	Peçete
Sosse	Sos
Teller	Tabak
Würzig	Baharatli

Restaurant #2
Restoran #2

Eier	Yumurta
Eis	Buz
Fisch	Balik
Frucht	Meyve
Gabel	Çatal
Gemüse	Sebzeler
Gewürze	Baharat
Kellner	Garson
Köstlich	Lezzetli
Kuchen	Kek
Löffel	Kaşik
Nudeln	Erişte
Salat	Salata
Salz	Tuz
Stuhl	Sandalye
Suppe	Çorba
Vorspeise	Meze
Wasser	Su

Säugetiere
Memeliler

Affe	Maymun
Bär	Ayi
Biber	Kunduz
Elefant	Fil
Fuchs	Tilki
Giraffe	Zürafa
Gorilla	Goril
Hund	Köpek
Känguru	Kanguru
Kojote	Çakal
Löwe	Aslan
Panther	Panter
Pferd	At
Ratte	Siçan
Schaf	Koyun
Stier	Boğa
Tiger	Kaplan
Wal	Balina
Wolf	Kurt
Zebra	Zebra

Schach
Satranç

Champion	Şampiyon
Diagonal	Çapraz
Gegner	Rakip
König	Kral
Königin	Kraliçe
Lernen	Öğrenmek
Opfer	Kurban
Passiv	Pasif
Regeln	Tüzük
Schwarz	Siyah
Spiel	Oyun
Spieler	Oyuncu
Strategie	Strateji
Turnier	Turnuva
Weiss	Beyaz
Wettbewerb	Yarişma
Zeit	Zaman

Schlösser
Kaleler

Drache	Ejderha
Dynastie	Hanedan
Edel	Asil
Festung	Kale
Feudal	Feodal
Graben	Hendek
Katapult	Mancinik
Königreich	Krallik
Krone	Taç
Palast	Saray
Pferd	At
Prinz	Prens
Prinzessin	Prenses
Reich	Imparatorluk
Ritter	Şövalye
Rüstung	Zirh
Schild	Kalkan
Schwert	Kiliç
Turm	Kule
Wand	Duvar

Schokolade
Çikolatalı

Antioxidans	Antioksidan
Aroma	Aroma
Bitter	Aci
Essen	Yemek
Exotisch	Egzotik
Favorit	Favori
Geschmack	Lezzet
Handwerklich	Zanaat
Kakao	Kakao
Kalorien	Kalori
Karamell	Karamel
Köstlich	Lezzetli
Pulver	Toz
Qualität	Kalite
Süss	Tatli
Verlangen	Özlem
Zucker	Şeker
Zutat	Içerik

Schule #1
Okul #1

Alphabet	Alfabe
Antworten	Cevap
Bibliothek	Kütüphane
Bleistift	Kalem
Bücher	Kitaplar
Freunde	Arkadaşlar
Klassenzimmer	Sinif
Lehrer	Öğretmen
Lernen	Öğrenmek
Lesen	Okumak
Mathematik	Matematik
Ordner	Klasör
Papier	Kâğit
Prüfungen	Sinav
Schreiben	Yazmak
Schreibtisch	Masa
Spass	Eğlence
Stifte	Kalemler
Stuhl	Sandalye
Zahlen	Sayilar

Schule #2
Okul #2

Bibliothek	Kütüphane
Bildung	Eğitim
Bleistift	Kalem
Bus	Otobüs
Bücher	Kitaplar
Computer	Bilgisayar
Grammatik	Dilbilgisi
Kalender	Takvim
Lehrer	Öğretmen
Lernen	Öğrenme
Lesen	Okuma
Literatur	Edebiyat
Papier	Kâğit
Radiergummi	Silgi
Rucksack	Sirt Çantasi
Schere	Makas
Stifte	Kalemler
Wissenschaft	Bilim
Wochenende	Hafta Sonu
Wörterbuch	Sözlük

Science Fiction
Bilim Kurgu

Bücher	Kitaplar
Chemikalien	Kimyasallar
Explosion	Patlama
Extrem	Aşiri
Fantastisch	Fantastik
Feuer	Ateş
Futuristisch	Fütüristik
Galaxie	Gökada
Geheimnisvoll	Gizemli
Illusion	Yanilsama
Imaginär	Hayali
Kino	Sinema
Orakel	Kehanet
Planet	Gezegen
Realistisch	Gerçekçi
Roboter	Robotlar
Szenario	Senaryo
Technologie	Teknoloji
Utopie	Ütopya
Welt	Dünya

Sommer
Yaz

Bücher	Kitaplar
Entspannung	Rahatlama
Essen	Gida
Familie	Aile
Freizeit	Boş
Freude	Sevinç
Freunde	Arkadaşlar
Garten	Bahçe
Meer	Deniz
Musik	Müzik
Reise	Seyahat Etmek
Sandalen	Sandalet
Spiele	Oyunlar
Strand	Plaj
Tauchen	Daliş
Urlaub	Tatil

Spielzeuge
Oyuncaklar

Auto	Araba
Ball	Top
Boot	Bot
Bücher	Kitaplar
Drachen	Uçurtma
Fahrrad	Bisiklet
Favorit	Favori
Flugzeug	Uçak
Lkw	Kamyon
Phantasie	Hayal Gücü
Puppe	Oyuncak Bebek
Puzzle	Bulmaca
Roboter	Robot
Schach	Satranç
Schlagzeug	Davul
Spiele	Oyunlar
Ton	Kil
Zug	Tren

Sport
Spor

Athlet	Atlet
Baseball	Beyzbol
Basketball	Basketbol
Bewegung	Hareket
Eishockey	Hokey
Fahrrad	Bisiklet
Gewinner	Kazanan
Golf	Golf
Gymnasium	Salon
Gymnastik	Jimnastik
Mannschaft	Takim
Meisterschaft	Şampiyon
Schiedsrichter	Hakem
Spiel	Oyun
Spieler	Oyuncu
Stadion	Stadyum
Tennis	Tenis
Trainer	Koç

Stadt
Kasaba

Apotheke	Eczane
Bank	Banka
Bäckerei	Firin
Bibliothek	Kütüphane
Blumenhändler	Çiçekçi
Buchhandlung	Kitapçi
Flughafen	Havalimani
Galerie	Galeri
Hotel	Otel
Kino	Sinema
Klinik	Klinik
Markt	Pazar
Museum	Müze
Restaurant	Restoran
Salon	Salon
Schule	Okul
Stadion	Stadyum
Supermarkt	Süpermarket
Theater	Tiyatro
Universität	Üniversite

Strand
Plaj

Blau	Mavi
Boot	Bot
Dock	Dok
Handtuch	Havlu
Insel	Ada
Krabbe	Yengeç
Küste	Sahil
Lagune	Lagün
Meer	Deniz
Ozean	Okyanus
Regenschirm	Şemsiye
Riff	Resif
Sand	Kum
Sandalen	Sandalet
Segelboot	Yelkenli
Sonne	Güneş
Urlaub	Tatil

Surfen
Sörf Yapmak

Anfänger	Acemi
Athlet	Atlet
Beliebt	Popüler
Champion	Şampiyon
Extrem	Aşiri
Geschwindigkeit	Hiz
Magen	Mide
Ozean	Okyanus
Riff	Resif
Schaum	Köpük
Spass	Eğlence
Spray	Sprey
Stärke	Kuvvet
Stil	Tarz
Strand	Plaj
Welle	Dalga
Wetter	Hava

Tage und Monate
Günler ve Aylar

August	Ağustos
Dezember	Aralik
Dienstag	Sali
Donnerstag	Perşembe
Februar	Şubat
Freitag	Cuma
Jahr	Yil
Januar	Ocak
Juli	Temmuz
Juni	Haziran
Kalender	Takvim
Mittwoch	Çarşamba
Monat	Ay
Montag	Pazartesi
November	Kasim
Oktober	Ekim
Samstag	Cumartesi
September	Eylül
Sonntag	Pazar
Woche	Hafta

Tanzen
Dans

Akademie	Akademi
Anmut	Lütuf
Ausdrucksvoll	Anlamli
Bewegung	Hareket
Choreographie	Koreografi
Emotion	Duygu
Freudig	Neşeli
Haltung	Duruş
Klassisch	Klasik
Körper	Vücut
Kultur	Kültür
Kulturell	Kültürel
Kunst	Sanat
Musik	Müzik
Partner	Ortak
Probe	Prova
Rhythmus	Ritim
Traditionell	Geleneksel
Visuell	Görsel

Technologie
Teknoloji

Bildschirm	Ekran
Blog	Blog
Browser	Tarayici
Bytes	Bayt
Computer	Bilgisayar
Cursor	İmleç
Datei	Dosya
Daten	Veri
Digital	Dijital
Forschung	Araştirma
Internet	İnternet
Kamera	Kamera
Nachricht	Mesaj
Sicherheit	Güvenlik
Software	Yazilim
Statistik	İstatistik
Virtuell	Sanal
Virus	Virüs

Tools
Araçlar

Axt	Balta
Fackel	Meşale
Hammer	Çekiç
Hefter	Zimba
Kabel	Kablo
Leim	Tutkal
Leiter	Merdiven
Lineal	Cetvel
Messer	Biçak
Rad	Tekerlek
Rasierer	Jilet
Schaufel	Kürek
Schere	Makas
Schraube	Vida
Seil	Ip
Zange	Pense

Tugenden #1
Erdemler #1

Bescheiden	Mütevazi
Charmant	Büyüleyici
Effizient	Verimli
Geduldig	Hasta
Grosszügig	Cömert
Gut	İyi
Hilfreich	Yararli
Intelligent	Akilli
Künstlerisch	Sanatsal
Leidenschaftlich	Tutkulu
Neugierig	Merakli
Praktisch	Pratik
Sauber	Temiz
Unabhängig	Bağimsiz
Weise	Bilge
Zuverlässig	Güvenilir

Urlaub #1
Tatil #1

Abreise	Kalkiş
Auto	Araba
Entspannung	Rahatlama
Expedition	Sefer
Fahrkarte	Bilet
Flugzeug	Uçak
Koffer	Bavul
Museum	Müze
Regenschirm	Şemsiye
Route	Güzergah
Rucksack	Sirt Çantasi
See	Göl
Strassenbahn	Tramvay
Tourist	Turist
Währung	Para Birimi
Zoll	Gümrük

Urlaub #2
Tatil #2

Ausländer	Yabanci
Berge	Dağlar
Flughafen	Havalimani
Fotos	Fotoğraflar
Freizeit	Boş
Hotel	Otel
Insel	Ada
Karte	Harita
Meer	Deniz
Pass	Pasaport
Reise	Seyahat
Restaurant	Restoran
Strand	Plaj
Taxi	Taksi
Transport	Taşimacilik
Visum	Vize
Zelt	Çadir
Ziel	Hedef
Zug	Tren

Vögel
Kuşlar

Adler	Kartal
Ei	Yumurta
Ente	Ördek
Eule	Baykuş
Flamingo	Flamingo
Gans	Kaz
Huhn	Tavuk
Krähe	Karga
Kuckuck	Guguk
Möwe	Marti
Papagei	Papağan
Pelikan	Pelikan
Pfau	Tavus
Pinguin	Penguen
Rabe	Kuzgun
Reiher	Balikçil
Schwan	Kuğu
Spatz	Serçe
Storch	Leylek
Taube	Güvercin

Wandern
Yürüyüş

Berg	Dağ
Gefahren	Tehlikeler
Gipfel	Toplanti
Karte	Harita
Klima	Iklim
Klippe	Uçurum
Müde	Yorgun
Natur	Doğa
Orientierung	Oryantasyon
Parks	Parklar
Schwer	Ağir
Sonne	Güneş
Steine	Taşlar
Tiere	Hayvanlar
Vorbereitung	Hazirlik
Wasser	Su
Wetter	Hava
Wild	Vahşi

Wasser
Suçlu

Bewässerung	Sulama
Dampf	Buhar
Dusche	Duş
Eis	Buz
Feuchtigkeit	Nem
Fluss	Nehir
Flut	Sel
Frost	Don
Geysir	Gayzer
Hurrikan	Kasirga
Kanal	Kanal
Monsun	Muson
Ozean	Okyanus
Regen	Yağmur
Schnee	Kar
See	Göl
Verdunstung	Buharlaşma
Wellen	Dalgalar

Wetter
Hava

Atmosphäre	Atmosfer
Blitz	Yildirim
Brise	Esinti
Donner	Gök Gürültüsü
Dürre	Kuraklik
Eis	Buz
Flut	Sel
Himmel	Gökyüzü
Klima	Iklim
Monsun	Muson
Nebel	Sis
Polar	Kutup
Regenbogen	Gökkuşaği
Sturm	Firtina
Temperatur	Sicaklik
Tornado	Kasirga
Trocken	Kuru
Tropisch	Tropik
Wind	Rüzgâr
Wolke	Bulut

Wissenschaft
Bilim

Atom	Atom
Chemisch	Kimyasal
Daten	Veri
Evolution	Evrim
Experiment	Deney
Fossil	Fosil
Hypothese	Hipotez
Klima	Iklim
Labor	Laboratuvar
Methode	Yöntem
Mineralien	Mineraller
Moleküle	Molekül
Natur	Doğa
Organismus	Organizma
Partikel	Parçaciklar
Pflanzen	Bitkiler
Physik	Fizik
Schwerkraft	Yerçekimi
Tatsache	Gerçek

Wissenschaftliche Disziplinen
Bilimsel Disiplinler

Anatomie	Anatomi
Archäologie	Arkeoloji
Astronomie	Astronomi
Biochemie	Biyokimya
Biologie	Biyoloji
Botanik	Botanik
Chemie	Kimya
Geologie	Jeoloji
Immunologie	İmmünoloji
Kinesiologie	Kinesiyoloji
Linguistik	Dilbilim
Mechanik	Mekanik
Mineralogie	Mineraloji
Neurologie	Nöroloji
Ökologie	Ekoloji
Physiologie	Fizyoloji
Psychologie	Psikoloji
Soziologie	Sosyoloji
Thermodynamik	Termodinamik
Zoologie	Zooloji

Zahlen
Şiir

Acht	Sekiz
Achtzehn	Onsekiz
Dezimal	Ondalik
Drei	Üç
Dreizehn	On Üç
Eins	Bir
Fünf	Beş
Neun	Dokuz
Neunzehn	On Dokuz
Null	Sifir
Sechs	Alti
Sechzehn	On Alti
Sieben	Yedi
Siebzehn	On Yedi
Vier	Dört
Vierzehn	On Dört
Zehn	On
Zwanzig	Yirmi
Zwei	2
Zwölf	On Iki

Zeit
Zaman

Früh	Erken
Gestern	Dün
Heute	Bugün
Jahr	Yil
Jahrhundert	Yüzyil
Jahrzehnt	On Yil
Jährlich	Yillik
Jetzt	Şimdi
Kalender	Takvim
Minute	Dakika
Mittag	Öğle
Monat	Ay
Morgen	Sabah
Nach	Sonra
Nacht	Gece
Tag	Gün
Uhr	Saat
Vor	Önce
Woche	Hafta
Zukunft	Gelecek

Zirkus
Sirk

Affe	Maymun
Akrobat	Akrobat
Ballons	Balonlar
Clown	Palyaço
Elefant	Fil
Fahrkarte	Bilet
Jongleur	Hokkabaz
Kostüm	Kostüm
Löwe	Aslan
Magie	Sihir
Musik	Müzik
Parade	Alay
Spektakulär	Muhteşem
Tiere	Hayvanlar
Tiger	Kaplan
Trick	Hile
Zauberer	Sihirbaz
Zeigen	Göstermek
Zelt	Çadir
Zuschauer	Seyirci

Zu Füllen
Doldurmak

Becken	Havza
Box	Kutu
Eimer	Kova
Fass	Fiçi
Flasche	Şişe
Karton	Karton
Kiste	Sandik
Koffer	Bavul
Korb	Sepet
Krug	Kavanoz
Mappe	Klasör
Paket	Paket
Rohr	Tüp
Schublade	Çekmece
Tablett	Tepsi
Tasche	Çanta
Umschlag	Zarf
Vase	Vazo
Wanne	Küvet

Gratuliere

Sie haben es geschafft !!

Wir hoffen, dass euch dieses Buch genauso viel Spaß gemacht hat wie uns dessen Herstellung. Wir tun unser Bestes, um qualitativ hochwertige Spiele zu erfinden. Diese Rätsel sind auf eine clevere Art und Weise entworfen, damit sie aktiv lernen und daran Vergnügen finden.

Hat ihnen das Buch gefallen ?

Eine einfache Bitte

Unsere Bücher existieren dank der Rezensionen, die sie veröffentlichen. Können sie uns helfen indem sie jetzt eine Meinung hinterlassen ?

Hier ist ein kurzer Link, der Sie zu ihrer Bewertungsseite führt

BestBooksActivity.com/Rezension50

MONSTER HERAUSFÖRDERUNGEN !

Herausförderung 1

Bereit für ihr Bonusspiel? Wir verwenden sie ständig, aber sle sind nicht einfach zu finden. Es sind die Synonyme !

Notieren sie 5 Wörter, die sie in den untenstehenden Rätseln (Nummer 21, 36 und 76) entdeckt haben und versuchen sie für jedes Wort 2 Synonyme zu finden .

Notieren sie 5 Wörter aus Rätsel 21

Wörter	Synonym 1	Synonym 2

Notieren sie 5 Wörter aus Rätsel 36

Wörter	Synonym 1	Synonym 2

Notieren sie 5 Wörter aus Rätsel 76

Wörter	Synonym 1	Synonym 2

Herausförderung 2

Jetzt, wo sie warm sind, notieren sie 5 Wörter, die sie in jedem der untenaufgeführten Rätseln entdeckt haben (Nummer 9, 17 und 25) und versuchen sie für jedes Wort 2 Antonyme zu finden. Wie viele davon können sie binnen 20 Minuten finden ?

Notieren sie 5 Wörter aus **Rätsel 9**

Wörter	Antonym 1	Antonym 2

Notieren sie 5 Wörter aus **Rätsel 17**

Wörter	Antonym 1	Antonym 2

Notieren sie 5 Wörter aus **Rätsel 25**

Wörter	Antonym 1	Antonym 2

Herausförderung 3

Wunderbar, diese Monster Herausförderung wird kein Problem für sie sein !

Bereit für die letzte Herausförderung? Wählen sie ihre 10 Lieblingswörter aus, die sie in einem Rätsel entdeckt haben und notieren sie sie unten.

1.	6.
2.	7.
3.	8.
4.	9.
5.	10.

Die Aufgabe besteht nun darin mit diesen Wörtern und in maximal sechs Sätzen einen Text herzustellen über eine Person, ein Tier oder ein Ort den sie lieben !

Tipp : sie können die letzten leeren Seiten dieses Buches als Entwurf verwenden

Ihr Schreiben :

NOTIZBUCH :

AUF BALDIGES WIEDERSEHEN !

Linguas Classics

KOSTENLOSE SPIELE GENIESSEN

GO

↓

www.ingramcontent.com/pod-product-compliance
Lightning Source LLC
Chambersburg PA
CBHW082102120626
46553CB00011B/3511